ａｎａｎの嘘

酒井順子

マガジンハウス

an·an の嘘

contents

生まれたて　アンアン、過激に疾走！

←1970

あらゆる欲望に、
正直でありたい。

← 1980

暮らしは
現実的に、
心は現実の外へ。

← 1990

← 2000

恋愛レスとセックスレス、解決の糸口は？

東日本大震災後、生き方に変化が…。

← 2010

生まれたて
アンアン、
過激に疾走!

1970

アンアンが創刊された時、

「とうとう、私達が待っていた雑誌が登場した！」

と思う女性達がいました。

アンアンは従来の女性誌とは全てが異なる、
全く新しいタイプの女性誌だったのです。

それは、一九七〇年のこと。
世界中の若者達が、既成の価値観から離れ、
愛と平和、そして自由を求めていました。

アンアンの誌面にも、時代の空気が溢れます。
海外ファッション、ヌード、ウーマンリブ、ひとり旅。
アンアン半世紀の歴史の中でも、
最も過激に突っ走っていたのは、
創刊の頃だったのです。

1970's

親や世間、男性の視線によって生き方を決めるのではなく、
自分自身が何をしたいのかを、見つめる。
「自分のために生きる」
という姿勢が、そこにはありました。

そんなアンアンを、
一部の女性は熱狂的に迎え入れます。
しかし、あまりの先進性に、ピンと来ない人達も。
「万人うけ」はしない内容だったこともあり、
アンアンは試行錯誤を続けることに。

そんな中でアンアンは、
ニュートラという新しいファッションを「発見」します。
そしてニュートラは、アンアンに大きな問題を提起。
初期アンアンは、分かれ道に立たされることになって……。

アンアンのはじまり

アンアンが創刊されたのは、一九七〇（昭和四十五）年のこと。以降、半世紀以上にわたって、アンアンは様々な話題を女性達に投げかけてきました。アンアンは女性達をどう変え、そして世の中はアンアンをどう変えたのか。そして、アンアンが示したものは虚か実か？……ということを本書では検証してみたいと思います。

まずはアンアンの経緯とその時代を、見てみましょう。アンアン誕生のきっかけとなったのは、平凡出版（マガジンハウスの前身）が一九六九年に、フランスの女性誌・ELLEと提携したことでした。その年のうちに、パイロット版として「平凡パンチ女性版」を刊行しています。ちなみに平凡パンチとは、当時大人気だった、若い男性向けの週刊誌。その女性版、かつELLEと提携ということで、大きな話題を呼

創刊号
1970年3月20日号

んだようです。

「アンアン」として本格的な創刊号が発売されたのは、一九七〇年の三月のことでした。この年は、日本においては大阪万博が開催されたことが、一番のビッグニュース。我が国は、いわゆる高度経済成長期の只中にありました。

そんな時代に創刊されたアンアンの表紙には、ニット帽をかぶった金髪の外国人モデルが一人。まだこの時代、外国人モデル＝おしゃれ、と判断されたからこその登用と思われます。

何かを訴えかけるかのように、モデルの口は半開きです。そして雑誌名と、今も使用されているパンダのマーク、価格（ちなみに一六〇円）等の他には、文字情報がありません。すなわち「こんな人に向けた雑誌です」「こんな中身です」という解説が、一切無いのです。洗練された表紙のデザイン、および右上に記されている「ＥＬＬＥ　ＪＡＰＯＮ」という文字から感じる雰囲気にピンとくる人だけが手に取ってください、ということなのでしょう。

アンアンは、日本で初めての「若い女性向けのファッション誌」と言ってよいかと思います。「主婦の友」「婦人画報」「ミセス」といった主婦向けの雑誌は、それまでも数々ありましたし、また「女学生の友」「ｍｃシスター」等の少女向け雑誌も存在した。しかし〝少女と主婦の間にいる、若い独身女性達〟は、まだ発掘されていなかったのです。

それというのも当時の女性は、少女期が終わったらほどなくして結婚するのが当然だったから。ちなみに一九七〇年当時の女性の平均初婚年齢は、二十四・二歳。学校を卒業したら、職場の花として数年間、腰掛けで働いた後に寿《ことぶき》退社、というのが一般的な女の道でした。「職場の花」も「腰掛け」も「寿退社」も既に死語ではありますが、国民皆婚時代には、そのような習慣があったのです。

〝可処分所得を持った独身女性〟は、いまや消費の主役ですが、当時そのマーケットは重要視されていませんでした。彼女達の「遊びたい」「モテたい」「おしゃれしたい」という生々しい欲求は、男性中心社会の中で、雌伏《しふく》の時を過ごしていたのです。「ちょっと働いたら、寿退社」という一般的な〝女の道〟が存在していたとはいえ、この時代は女性の生き方の激変期でもありました。まず、一九六〇年代の後半には、恋愛結婚する人の割合が、お見合い結婚をする人の割合を初めて上回ります。戦前はお見合い結婚が七割近かったのが次第に低下し、アンアン創刊の一九七〇年には、約六割の人が恋愛結婚をするように。

それはすなわち、「自分の力で結婚しなくてはならない時代」の到来でした。当時の人は、「自由に恋愛できる時代」の到来と思ったのでしょうが、結婚難時代となった現代から振り返れば、女性は自ら、茨の道を選んだようにも見える。

一九六〇年代には、アメリカでベトナム反戦運動に端を発するヒッピームーブメントが発生し、六九年にはあのウッドストックのフェスティバルが。「ラブ&ピース、&セックス！」のムードは、日本にも押し寄せてきます。さらには同時期に、ウーマンリブ運動も動き出す。……ということで、女性をとりまく環境は波乱含みでした。女性の世界が大きく変化しようとする時に、独身女性向けファッション誌を日本で初めて創刊した平凡出版は、まさに機を見るに敏と言うことができましょう。「女性は、こうあるべき」という規範が大幅に揺らぎはじめた時代に創刊された女性誌、アンアン。その役割は、「独身女性の欲望を掘り起こす」という部分にあったかと思われます。が、開拓者の常として、その方向性が定まるまでには、しばらく時間がかかったようです。

創刊号を開いてみると、当時の佐藤栄作首相夫人・寛子さんやアラン・ドロンといった豪華メンバーから、「創刊おめでとう」のメッセージが。もちろん、フランスのELLE誌直送の「パリコレクション'70　春〜夏」といったページもあるし、また澁澤龍彦訳のペローの童話「赤ずきんちゃん」、そして「女の色気と男の色気」と題した三島由紀夫（ちなみに、同年十一月に自決）のエッセイ……と、ファッショナブルかつ知的な印象。

巻末には、「星占いによるあなたの運勢」というページもありました。今や女性誌になくてはならない占いページですが、西洋占星術を雑誌で取り上げたのは、アンアンが初めてです。

極めて新しい空気とともに登場した、アンアン。「待ってました」と飛びついた人もいたものの、しかしあまりに先鋭的すぎたのか、大衆の人気を得るには至らなかったようで、しばらくは売り上げがふるわない時が続くこととなるのでした。

ヌードは最先端

今、初期のアンアンを読んでみて思うのは、「やけに過激」ということです。まず、なにかというと裸が出てくる。創刊2号目では、女性の乳房が正面からと横から大きく写され、「理想的なバストのプロポーションについて」語られています。ファッションのグラビアページにおいては、モデルが明らかにノーブラ、という写真も。

第5号からは、「立木《たつき》義浩《よしひろ》のファミリー・ヌード」という連載がスタートしました。これはその名の通り、ある一家が裸で写真に写っているというページ。ちなみに初回は、カメラマンである立木さんご本人一家。お子さん達はこの時、三歳と二歳ということでまだ可愛らしく、立木さんご本人も男性なのでさほど抵抗はなかったかと思うのですが、当時三十歳だった奥様はよく脱ぐ決意をされたな、という気がいたします。

No.5
1970年5月20日号

その後も、「ファミリー・ヌード」のページには、様々なおしゃれ有名人の家族が裸で写し出されるのですが、アンアンの裸ページはそれだけでは終わりません。「読者のお見合い写真でーす」という連載ページには、「○○×子さん 21歳」といった読者の写真とプロフィールが載っているのですが、次のページでは何と、同じ×子さんがヌードになっているのです。扇情的な写真ではないものの、お見合い写真としてはあまりに大胆ではありませんか。果たして×子さんの結婚にこの写真が障害とはならなかったのか、他人事ながら心配になってきます。

はたまた「オチンチン・シリーズ 女の子にとってオチンチンてなあに？」という特集では、十人超の全裸の男児が放尿していたり、パンティ特集では、全裸の黒人の少女が立っていたり、という写真が……。いずれの特集においても、性器や下着の意味合いを、エロ抜きで真剣に考察しています。

広告にまで全裸の女性が登場しているところを見ると、この時代は裸に対する規制がまだゆるかったということが理解できます。そしてどうやらこの時代、「裸になる」という行為そのものが、流行していたようにも思われる。前衛芸術の一表現として、はたまた反戦の意思を示すために裸になる人もいたせいか、裸がファッショナブルと捉えられる空気があったのではないでしょうか。

アンアンにおける裸は、エロティシズムを醸し出すために使用されたのでなく、「人物本来の姿を見せる」といった意味合いで使用されています。この時期は、社会全体が「既成概念にとらわれたくない」「タブーに挑戦したい」といった意識に包まれていましたが、「裸」ブームの背景にも、「衣服を着なくてはいけないというわけでもなかろう」という精神がありそうなのです。

初期アンアンにおける特集記事を見ていると、

「太ったってイイじゃない‼」

「チビで、デブで、しあわせです　アンアンはチビデブを支持します」

「ホモを救えるのは女性だけです」

「ことしはレズビアンを体験してみることに決めました」

などと、ユニークな特集が目白押し。今で言うところの多様性を先取りしているように見えますが、この手の特集も、やはり「既成概念からの解放」「タブーの打破」を目指していたものと思われます。

「チビデブを支持」の特集では、一般的にはスラリとしたスマートな女性が素敵、と思われがちだけれど、チビやデブのどこが悪い、と胸を張るアンアン。昨今目につく「ちょいデブの方がモテる」といった「モテのためのデブ」でなく、「一五五センチ、

五五キロがチビデブの理想体型です」といった具体的提案をすると同時に、

「一説によれば、ヤセには不感症が多い。でなければ〝インラン〟だってさ」

と、根も葉もない説を展開したり、

「痴漢だってヤセはねらわないヨ」

と、やけくそ気味に痩せ型体型の人に対する攻撃性をも見せています。

はたまた、現代を生きる我々としては、「レズビアンを体験してみることに決めた」という文に「勝手に決められても……」と困惑するのです。しかしそれも、「恋愛は、男女がするもの」という固定観念を打破すべく登場した特集なのでしょう。

七〇年代当時、このように既成概念や常識を打ち破ろうとする過激な動きと、「女は早く結婚して子供を産むのが一番の幸せ」という従来からある意識とが、世の中ではまだらに混在していたようです。そしてそんな中から生まれたアンアンの誌面もやはりまだらで、レズビアン化を提案する一方で、

「しあわせな結婚を夢みるあなたに〈東海のミリオン積立〉をおすすめします」

と、東海銀行の結婚資金用積立預金の広告が載っていたりするのです。

一九七〇年当時のアンアン読者を、十代後半から二十代前半の女性と仮定すると、二〇二〇年代における彼女達は、七十代前後ということになります。自分より年上の

女性を見ると、私達はつい「さぞや保守的で真面目な青春時代を送ってこられたにちがいない」と思いがちですが、それは誤解なのかもしれません。今となっては、「可愛くって仕方ないのよ」などと、すっかり目尻を下げながら孫のおむつを替えているシニア女性も、かつてはもしかしたらアンアン誌上で「お見合い写真」として裸をさらしていたかもしれず、はたまた「女同士っていうのも、良いものなのかもしれないわね」と、レズビアン化を夢想していたかもしれないのですから。

異性ウケより自分ウケ

No.3
1970年4月20日号

性的な規範には頓着せず、何かというとすぐにヌード……という初期アンアンの姿勢に、驚いた私。しかし桐野夏生さんの自伝的小説『抱く女』を読んだら、わかりました。この作品は一九五一年生まれ、すなわちアンアン創刊時に大学生だった桐野さんの青春時代を描いた小説なのですが、七〇年代初頭というのは、「抱かれる女から抱く女へ」とのスローガンが叫ばれるような時代だったのだそう。すなわち、女性が性に対する積極性を持つことが肯定される時代でもあったのです。アンアンにおいて性的な特集が頻出するのも、当然だったと言えましょう。

一方、アンアンはファッション誌でもあります。セックスに開放的な姿勢を示すのみならず、ファッションにおいても開放的。ではどのようなファッションが、初期アンアンにおいては紹介されていたのでしょうか。

雑誌のファッション傾向はしばしば、その雑誌に登場するモデルが体現するものですが、アンアンの場合、創刊号は「Miss Christian Dior」だという外国人モデルが表紙を飾っています。そして第2号からしばらくは、立川ユリが表紙モデル。アンアン15号では「立川ユリ物語」としてその詳しい生い立ちも描かれていますが、彼女は日独のハーフで、八歳の時に日本に来たのだそう。やがてモデルになって、デザイナーの金子功《かねこいさお》と結婚します。

金子功というと、思い出すのは甘くガーリーなブランド「PINK HOUSE」。アンアン創刊時はまだこのブランドを立ち上げていませんでしたが、アンアンの表紙のコスチューム担当が、金子功でした。つまりは夫婦で表紙をつくっていたのです。

しばらくすると、日米ハーフの秋川リサもモデルとして登場。ユリとリサがヨーロッパを旅したり、ユリとリサで表紙を飾ることもありました。純粋の日本人を起用するとどうしてももっさりしてしまう、けれどある程度の親しみやすさは読者に抱かせなくてはならない……ということでの、ハーフモデルの起用だったのかもしれません。

さらにもう一人、初期アンアンで印象的なモデルがいて、それが「ベロちゃん」というフランス人です。本名がベロニカなのでベロちゃんということなのですが、彼女の顔を見た私の第一印象は、「あんまり可愛くない……」というもの。スタイルは良いものの、「フランス人」「モデル」というイメージからはかなり乖離《かいり》した、どちらかというとアジア人寄りのファニーフェイスです。

顔もそばかすだらけで、かなりカジュアルな印象のベロちゃんなのですが、この「カジュアル」というものが、初期アンアンが日本にもたらした、新しい概念だったように思います。それまでの日本人の衣服は、「よそゆき」か「普段着」かにはっきりと分かれていました。よそゆきは相当気張った服装であったのに対して、普段着はちょっと隣の駅まで行くにも躊躇《ちゅうちょ》するレベルだったのではないか。

しかしアンアンには、普段の生活においてもおしゃれをしよう、というムードが溢れていました。ちょっと買い物に行く時、友達に会う時も、家にいる時もセンスの良いものを着たいよね、と。それは、「おしゃれとは、特別な時におめかしをすること」という意識が強かった時代においては、新鮮な視点だったと思われます。

そして立川ユリ＝既婚者、秋川リサ＝不思議ちゃん、ベロちゃん＝ファニーフェイス……というモデルの顔ぶれを見ていると、そこに漂っているのは、明らかに「異性ウケしなさそう」なムードです。その後も、平凡出版／マガジンハウスの女性誌は、一貫して非モテ系路線を歩み続けるのですが、「チビデブ万歳」的な姿勢を見てもわ

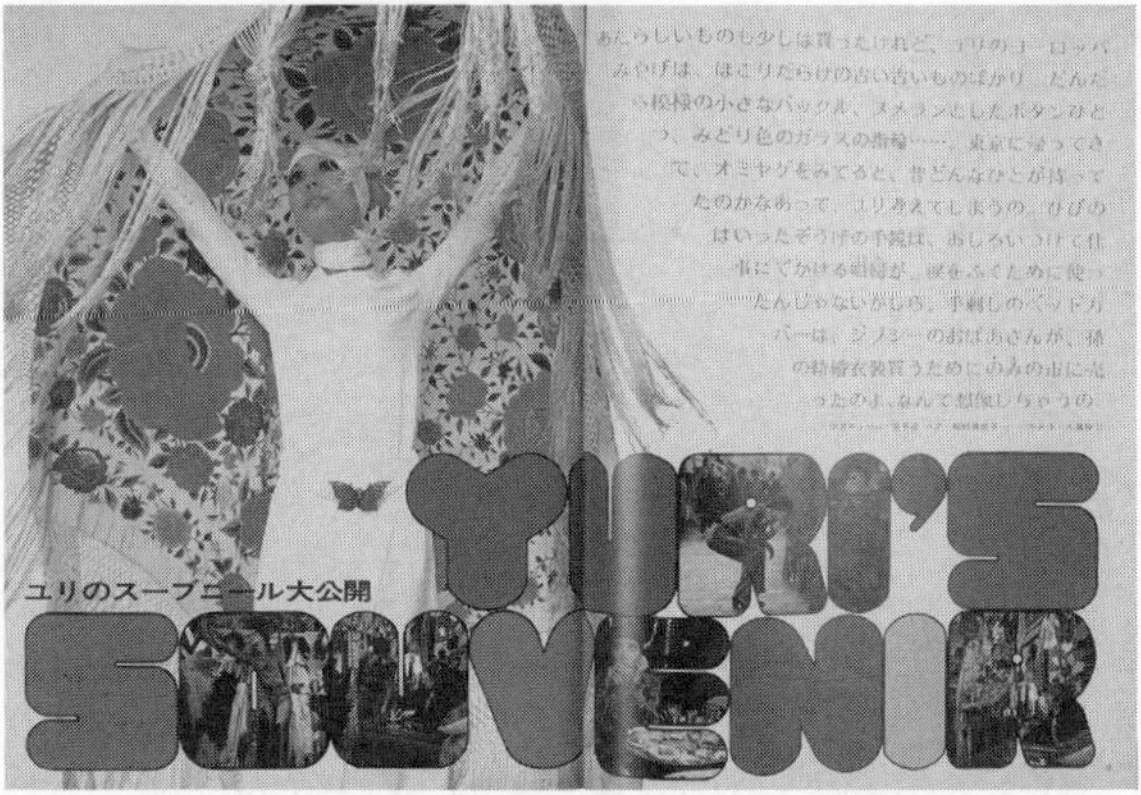
ユリのスーブニール大公開
YURI'S
SOUVENIR

「ユリのスーブニール大公開」(No.3)／ブティックから、パリののみの市、ロンドンのアンティックマーケットまで、戦利品の数々をズラリ紹介。

かる通り、この会社初の女性誌であるアンアン創刊時から、「異性におもねらない。自分の行きたい道を行く」という姿勢は存在していたのです。その「異性ウケより自分ウケ」という感覚は、一九七〇年代初頭という、自由な雰囲気が女性を取り巻く時代だからこそ、生まれたのではないでしょうか。

そんなアンアンはＥＬＬＥの日本版ですので、もちろんパリのファッション情報も豊富です。定期的に掲載された「パリコレメモ」の解説は、長沢節《ながさわせつ》。ファッションページ撮影は、ヨーロッパで頻繁に行われている。

第3号では「ユリのスーブニール大公開」として、立川ユリがヨーロッパで買ってきたものを披露しているのですが、「パリの凱旋門のすぐそばにこの『ルイ・ブイトン』のお店があるの。ここのお店のものは、全部同じ模様なのよ」という文章とともに、大量のルイ・ブイトンのバッグとともに写真に収まるユリの姿が。

この「ルイ・ブイトン」とはもちろん、今で言うルイ・ヴィトン。当時の日本ではまだ買うことができず、紹介もされていませんでした。そしてアンアン18号では、やはり日本では買うことのできないシャネルについて「シャネル特集 この冬、いちばん注目されているエレガンス調」との紹介が。

その後の日本に沸き起こるブランドブームの先鞭《せんべん》をつけた……と言うにも早すぎるこの着目点。セーターやジーンズ、アップリケつき靴下といったカジュアルなアイテムと、ルイ・ブイトンやシャネルといったハイブランドを同時に扱う視線は、従来の女性誌には全く見られないものだったのです。

それは、チープシックとモード系のおしゃれとが同居するパリの雰囲気を日本に持ってきた、ということになるのかもしれませんが、次第にそんなアンアン誌上に、変化が見られるようになったのが、一九七二年頃。自由な時代の空気とパリの最先端ファッションをひっさげ、イケイケムードで登場したアンアンは、どのように変化していったのでしょうか。

アンノン族の旅立ち

No.47
1972年2月20日号

一九七二年のアンアン第59号において印象的なのは、「この秋、東京で買える7人の有名デザイナーの既製服」というタイトルの大特集です。その七人とは、高田賢三《けんぞう》、金子功、松田光弘、荒牧政美、三宅一生《みやけいっせい》、菊池武夫、山本寛斎《かんさい》。その後の日本のファッション界をリードし続けた、レジェンドばかりです。当時三十代であった彼等、たとえば三宅一生であれば、この特集があった翌年に初めてパリコレデビューするなど、勢いにのっていた世代でした。

そしてここに「既製服」とわざわざ書かれているのは、当時の日本で既製服はまだ一般的でなく、型紙に合わせて手作りしたり、オーダーで作ることが多かったから。

既製服を紹介するファッション誌という意味でも、アンアンは先駆的だったのです。

既製服特集でとりあげられたデザイナー達は、戦争中に幼少期を過ごし、その後の〝民主主義〟と物質文化を、眩しく受け入れた世代です。海外の影響もおおいに受けつつ、日本らしさをも大切にしたデザイナー達が、日本のファッション業界に台頭していったのが、七〇年代初頭でした。

ファッション業界でそのような空気があったということは、その頃、日本全体でも同じような動きがあったものと思われます。すなわち、ただ欧米の真似をして「追いつけ追い越せ」と頑張るのでなく、自国の良さを見直そう、という気運が高まった時代なのではないか。

六〇年代の日本は、クソ意地の時代でした。高度経済成長の中、一九六四年に東京オリンピックが開催されるのに合わせて新幹線や高速道路もつくられ、そのままの張り切りぶりで、一九七〇年の大阪万博へと突入。

しかし七〇年代になると、日本も一息ついたようです。富士ゼロックスの広告コピー「モーレツからビューティフルへ」は、その空気を端的に表していましょう。そして国鉄（当時）も七〇年、「ディスカバー・ジャパン」のキャンペーンを開始。

アンアンにおいても、日本人デザイナーの大特集をした辺りから、日本について取り扱う機会が俄然、増えてきました。それまでは海外ロケというと、パリをはじめとしてイタリア、ロンドン、スペインといったヨーロッパ、もしくはアメリカ。ELLEから転載のファッションページにおいては、「ピラミッドに似合う服」とか「アフガニスタンてどこだ？　騎馬民族モード発表」などと、先鋭的な特集も。

それらの地はまだ、日本人にとっては現実的ではありませんでした。ヨーロッパの人にとっては、ピラミッドもアフガニスタンもオリエンタリズムを刺激される場所だったかもしれませんが、一ドル三六〇円の固定相場制の最後の時代を過ごしていた日本に住む若い女性にとっては、遠すぎる場所。ちょうど「ディスカバー・ジャパン」のキャンペーンも始まっているし、日本もいいかもね……と、彼女達の視線は国内へと向かったのです。

かくしてアンアンでの海外の特集はめっきり減少し、代わりに国内旅行特集が増えていきました。そういった特集に刺激された女性達が、有名な「アンノン族」となっていったわけです（「ノンノ」はアンアンに刺激され、一九七一年に創刊）。アンアンにおいて国内旅行が重要視されるきっかけとなったのは、一九七二年に出た第47号における「日本の旅特集」でしょう。表紙は、花札っぽい絵を背景として、紅型《びんがた》の着物を着たハーフモデルの立川ユリの横顔。一見して、ガイジンが日本を見た時のイメージで作られていることがわかります。ピラミッドやアフガニスタンには行けないけれど、アンアン読者はここに、自国をオリエンタリズム的な観点から見る視線を獲得したのです。

開いてみると、「アンアン流『旅行けば―』のおすすめ」として「これからの旅は、国鉄でもポスターなんか作ってすすめているようだけど(酒井注：ディスカバー・ジャパンキャンペーンのことと思われる)、古来よほどの事情がない限り、あり得なかったものとみえて、いまでも観光施設というのは男性用にできてるんだなあ！とくに旅館のお風呂が家族風呂とか称してひと回り小さいのは許せないし、食事というと山の中でもノリ・サシミ・スノモノと内容より格式ばかりを一応ととのえた料理を出すのも、亭主関白の悪影響だと思います」と、さらに続きます。

この号を見て、私は驚きました。アンノン族が旅をする動機の源が、実はウーマン・リブだったとは、と。

旅は女性の得意技、観光業は女性の気持ちを捉えてナンボ……という意識が当たり前の今となっては忘れがちですが、確かにかつて、旅館において女性風呂は男性風呂より小さいのが当たり前、という時代があったのです。男性ばかりの団体旅行が中心、かつ「ま、女の人には我慢してもらって……」という考えもあったからなのでしょう。その時代の只中に出たアンアンは、だから「男性は旅館を家庭のいわばデラックスな延長として考えているケイセキがある。彼等の好きなセレモニー（儀式）の悪いクセをどんどん注文つけて変えるようにしませんか！」と、読者をアジっているのです。

アンノン族というと、城下町や宿場町を気軽に旅する旅慣れたＯＬさん達、というイメージを持っていた私。しかしアンノン族達は、旅行業界ではまだ新参者でした。そしてアンノン族出現の大元には、実は確固たる意志があったのです。

意識的であれ無意識であれ、ある役割を背負って旅立つこととなった、アンノン族。彼女達は一体、どこへ行くのか……。

アンアン流ひとり旅

アンノン族とは「アンアンやノンノを片手に、日本を旅する若い女性達」のことを指したわけですが、ここでしばし「ノンノ」について解説しておきましょう。

平凡出版／マガジンハウスの雑誌というのは、常に時代の先行指標を提示する、という役割を担っていました。「平凡」の後に「明星」（集英社）、「平凡パンチ」の後に「週刊プレイボーイ」（集英社）、「ポパイ」の後に「ホットドッグプレス」（講談社）……と、平凡出版／マガジンハウスが拓いた道を見て、他社が「この道ってアリなんだ」と、後を追ってゆく流れが、雑誌業界には存在していたのです。

「アンアン」のフォロワーである「ノンノ」（集英社）は、アンアン創刊の翌年に創刊されました。創刊号の表紙は「マロニエの若葉が美しいパリのスタジオ」で撮影されたそうで、「マヌカンのアンシュカはストックホルム生まれのパリ育ち」と、パリテイストも踏襲している。

ただ「ノンノ」が「アンアン」とおおいに違うのは、そのエッジの立ち方です。初期「アンアン」がヌードやらチビデブやらと、過激なページ作りに走っていたのに対して、「ノンノ」は初期の頃から、目次に「恋」の文字が頻出。レズも辞さずの「アンアン」に対して「ノンノ」誌面からは、「恋がしたい」「結婚は憧れ」といった雰囲気がたっぷり感じられる。「ノンノ」というタイトルのロゴも丸っこいし、その意味は「アイヌ語で、花」だというし、全体的にカドが無く、保守的な若い女性に向けていることがわかるのです。

後発誌である「ノンノ」は「アンアン」を見て、「尖りすぎては売れない」ことを理解していたのでしょう。「ノンノ」は、「アンアン」が発見した「可処分所得がある若い独身女性」という層を対象に、もっと一般的に受け入れられやすい誌面でアピールしたのです。後に「あぜ道のノンノ」と言われるような、つまりは田舎の素朴な女の子も安心して読むことができる雑誌となった「ノンノ」は、創刊の時点から、アンアンよりも柔らかな誌面でした。

そんな両誌の唯一共通する部分、それが「旅」です。前回記した通り、「アンアン」

誌上で国内の旅ページが増加していく源には、ウーマン・リブの思想がありました。対して「ノンノ」読者は、そのような使命感は全く持っていません。「いずれお嫁に行くのだから、それまでに好きなことをしておきたい」という感覚で、旅をした。

アンアン初の国内旅行の大特集であった第47号で紹介される旅は、ウーマン・リブ感が濃厚に漂うと同時に、非常におしゃれです。たとえば画家の合田佐和子《ごうださわこ》が野沢温泉を旅したり、伊丹十三《いたみじゅうぞう》が旅の哲学を披露したり。京都や萩など、後のアンノン族が好む場所も取り上げられていますが、京都のページでは、白人モデルが割烹着を着て平安神宮に立つ、というアバンギャルドな写真が見開きに。萩のページでは鈴木清順《せいじゅん》が「萩は恋を失った町」などとスタイリッシュな文章を寄せていたりと、とにかくしゃれたつくりなのです。

女性誌の旅ページと言うと、食べ物屋さんや宿の情報がぎっしり、というイメージがありますが、その手の情報らしきものは、この頃のアンアンにはほとんど載っていません。アンアンの旅特集は、ただ読者の頭の中で旅のイメージを喚起し、醸成するということのみを考えて作られているのです。

旅の情報は載っていませんが、この号には、読者が持つべき旅の心構えは載っていました。「アンアン流〈ひとり旅〉のすすめ読本」という特集なのですが、まず記さ

「萩・純情画帖」(No.47)／萩の街に男女が佇むシーン(撮影・立木義浩)が、見開き、写真のみの構成で10ページも続く。

れているのは、勇ましい前文。女同士で旅をする場合は、なにかと「相談ごとがたいへん」。だから、「もうそろそろ一本立ちしたらどうです？　人生って孤独なもんなんですよ。」「旅はひとりがかっこいいのです。ええかげんにせぇよ。ひとりが怖いなら死んじまえ」

と、ほとんどぶち切れ気味の「ひとり旅のすすめ」になっている。

読んでみれば、中身も相当、物騒です。交通手段については、「みどりの窓口、特急、座席指定、新幹線、周遊券、クーポン、そういうもの、邪道で野暮で恥ずかしいくらい。団体さんじゃないんだ！」と、吐き捨てるように。「団体さん」への嫌悪感は相当強いらしく、鈍行列車でゆっくり行くのが良い、とあります。お土産に関しては「だれかにあげるためのものを買うくらいなら、駅弁3人前食べちゃうほうがいい」。恋人にすら「おみやげゼッタイ買わないこと」なのだそう。ひとり旅なので、毛ガニだって「まるごと1匹ひとりで食べてもいいんだぞ」……とは、さすがウーマン・リブの旅。

アンアン推奨の旅スタイルは、とにかく過激です。新幹線のみならず、予約、予定、ガイドブックは全て罪悪。女のひとり旅は泊めてもらえないことも多いけれど、「そうしたら、寺や道ばたにでも寝ればいいのだぞ」「泊まるところがないくらいで死にはしない」と、けしかける。

それだけではありません。女のひとり旅には「貞操の危機」もある、という可能性を示唆しつつ、「かみつき、けり、引っかき、その気なら必ず身は守れます」と、読者に根拠の無い安心を与えようとする。さらには「第一、そんな大事件が起こりうるということ、男には望めない現代のロマンチシズムではないか」とまで。よく見るとこの旅の特集には、全面的に日本旅行が協力しているらしいのですが、旅先での貞操の危機を「現代のロマンチシズム」と言い切る雑誌に日本旅行もよく……という気もするのでした。

山頭火から結婚の旅へ

No.80
1973年7月20日号

ウーマン・リブの思想を源流として、女性達に過激な旅スタイルを提唱していた、アンアン。どうやら旅の特集は読者の心を掴んだようで、旅関連のページはどんどんボリュームを増していきます。

その当初は、硬派というか一風変わった旅を提案していました。たとえば昨今の「鉄子」ブームなどようんと前から、アンアンは鉄道利用をしばしば推奨。「鈍行列車に乗る」という第55号の特集でスポットライトを当てているのは、岡山と米子を結ぶ、激シブ路線である伯備線《はくびせん》です。おしゃれなワンピースを着たモデルが駅弁片手に汽車（当時はまだ、SLが走っていた）から降りる姿は、当時も相当な異彩を放っていたことでしょう。伯備線の他にも、五能線《ごのうせん》やら釧網本線《せんもうほんせん》やらと、やたらと地味な路線を紹介しているのです。

ちなみにその頃のタンポンの広告では、ＳＬをバックに女性が佇む写真が。タンポンを使用すれば「あの日でものびのび自由」なので旅に出られますよ、と訴求しています。

そして富士フイルムのタイアップ広告ページでは、「自分をみつめるひとり旅」をしましょう、と薦める行き先が、恐山《おそれざん》。若い女性がイタコと出会い、「霊を呼んで話をする〝口寄せ〟でいったいどれほどの収入になるのか」といらぬ心配をしてみたり、「死んでしまった人で会いたい人なんて、わたしにはまだいない」と考えていたら急に家に帰りたくなり、「帰ったら、すぐに彼に会おうと思った」と、若い女性ならではの身勝手な感慨を抱いています。

さらには、もはや鈍行列車ですら速すぎるということなのか、第81号では、

「『歩く』　あなたにとって山頭火《さんとうか》とは何か？」

という特集まで。種田山頭火の歌と生き様を紹介しつつ、

「山頭火のように、いっさいを棄てて旅に生きるというわけにはいかないだろうが、ひとりだけの歩く旅を、旅行会社のセット旅行でない歩く旅を、いま自分に課する必要があるのでは……」

と締めている。他の旅特集でも、

「夏休みは終わった。旅に出ようと思う。

そろそろ蟹族やディスカバー・ジャパンの人たちが姿を消す頃だから、こんどの旅は、なんとなく何でも見て歩くのはやめて、特別の理由がある道筋を選びたい」

と、結城や多摩といったこれまた渋い土地への旅を薦めています。

「蟹族」とは、六〇年代〜七〇年代にかけて流行った、いわゆるバックパッカーのこと（リュックを背負っているから、蟹）。アンアンの旅は、流行の蟹族でもなければ、国鉄のキャンペーンに踊らされるのでもなく、また旅行会社のパッケージでもない独自の路線を目指すのだ、という気概が感じられる特集の数々です。

旅がしばしば人生にたとえられることを考えると、この頃のアンアンは、旅のスタイルを通じて「何ものにも縛られず、あなた独自の生き方をしなさい」と、読者に語りかけているようです。実際、この頃には「しおらしい顔でお見合いしてきっぱりと断ってあげよう」というお見合い特集、一人暮らしを推奨する「一人暮らし考現学」、実際の同棲カップルの日々を記した「『同棲』の記録」など、反結婚系のページが目立つのでした。

しかし、おそらくは国内旅行の特集が好評だったせいで旅特集のボリュームが増え

No.68（1973年1月20日号／写真右）とNo.69（1973年2月5日号／写真左）の表紙を比較。特集名の文字が明朝体から、角がとれた丸ゴシック的な書体に変わり、イメージも激変！

ていくにつれ、アンアンが目指す旅と人生は、平板化していきます。第68号では、旅といっても「全国縦断　食べ物屋さん101」と、ぐっと身近、かつ情報寄りの大特集に。次の第69号からは、表紙に記されている文字が、それまでの明朝（楷書風）の書体から、角が取れた丸ゴシック的な書体へと変化したではありませんか。

　書体の変更は、大きな意味を持ちます。角が立った書体は、意志が強く自立した女性を想像させますが、角の丸い書体は、ほんわかした可愛いイメージ。さらに第80号ともなれば、表紙は花を持って麦わら帽子をかぶったモデルが高原に佇むという、甘々な雰囲気となりました。表紙には角の無い書体で「神戸探検」「軽井沢物語」と、これまた甘い旅先が。もうすっかり、ウーマン・リブのことなど忘れてしまったかのようなのであり、世間が言う「アンノン族」は、この頃のイメージからくるものと思われます。

実際、六〇年代から世の中を覆っていた刺々《とげとげ》しいムードが収まってきたのが、この時代すなわち一九七三年頃のようです。学生運動やヒッピームーブメントといった、体制に反抗する人々の動きも、収束しつつありました。

世間の動きに同調するかのように、アンアン誌面も「きれいめ」になっていきます。ファッションページでも、第74号では「ジーンズを汚く着る時代は終わった」ということで、「ドレス・アップ・ジーンズ」を紹介。シャツドレス、シャツブラウスといったOLさん向けの服装のみならず、「3万円台で買えるウエディング・プレタ」まで紹介。山頭火を目指せといっていた雑誌がどうした、と言いたくなります。

そして第86号では、秋川リサの結婚に合わせて、全体的に結婚特集。その号の旅特集は「宮崎ハネムーン物語」なのです。

この時代、新婚旅行で海外に行くカップルもいたもののまだ少数派で、人気ナンバーワンの行き先は宮崎でした。

「女の子は冒険好きだけど宮崎には冒険なんてない。でも、結婚て冒険ですヨ」

という文章は、手のひらを返したかのように山頭火とは正反対の方向へと読者を誘うアンアンの、言い訳の弁なのかもしれません。

きれいめはアイビーから

No.99
1974年5月20日号

革新系女性誌という出自を持ちつつ、七三年末頃から、次第に保守化の傾向を見せはじめた、アンアン。それは旅特集のみならず、ファッションページにも現れています。

七三年末刊行の第88号は東京のファッション特集なのですが、目次に並ぶ見出しは、

「いま銀座で売れている服」
「いま新宿で売れている服」
「いま渋谷で売れている服」

というもの。たくさん売れている服というのはすなわち、皆が着ている服ということ。個性的であることを何より重視していたかつての姿勢は、揺らいでいます。ジー

ンズよりも、スカートやワンピースなど、女性的なスタイルの特集が、多くなってきました。

そして七四年五月の第98号では、

「男が好きな服」

という特集が登場しています。「異性ウケより自分ウケ」だったはずのアンアンに、「自分ウケだけでよいのか」という迷いが生じたようなのであり、有名無名の様々な男性に、どんな服装をしている女性が好きかを訊《たず》ねています。

たとえば篠山紀信さんは、

「好きなのはセーラー服、それだけ。16歳から17歳ぐらいの女の子がセーラー服を着てるのは、すごく色っぽくて目に入るけど、それ以外は、見たいとも思わない」

と素直な気持ちを吐露。また、当時二十七歳の歌手のよしだたくろうさん(現・吉田拓郎)も、

「僕は絶対アイビールックね。ロンドン・ファッションなんて嫌いだね」

と、意外な趣味を告白。かっちりしたアイビーなんてつまらない、先鋭的なロンドンファッションの方が……というタイプなのかと思ったのに。型破りな男性ほど、型にはまったタイプの女性の方が好き、というやつでしょうか。

吉田拓郎さんのみならず、アイビー好きな男性は多かったようですが、それは時代のせいもあると思われます。ヒッピー的、すなわち反体制的で自由な行動、自由なファッションを楽しむ女性が増えた頃、その傾向にうんざりしていた男性も存在していました。ヒッピームーブメントからの揺り戻しとして体制的なファッションであるアイビーを身につける女性の人気が高まったのではないでしょうか。

アンアン誌上においても、スカートにブラウスといったきれいめファッションの特集が増えてきた他、「アイビー」の文字が頻出するようになります。アイビーとは、アメリカ東部にあるハーバード大、プリンストン大などの名門大学がつくる「アイビーリーグ」の学生達のようなトラディショナルなファッション、の意。日本では六〇年代に流行しました。その後ヒッピー的ファッションも台頭してきたものの、ヒッピーの沈静化とともにまた見直されてきた、ということなのでしょう。

たとえば「大学のアイビーガール達」という特集では、上智大学や青山学院女子短大の女子大生の、キャンパスにおけるポートレートが。

「だらしなく着るのは絶対イヤ」

「靴まで気を配りたいですね……」

などと語っています。

「アイビー大特集」(No.99)／プリンストンやMITをはじめとした、東部アメリカ名門校でのロケを敢行。アイビー・ファッション発祥の地を堪能。

彼女達のスタイルは、ブレザーにチェックのスカートにローファー、という感じ。清潔感に溢れています。

第99号は、アイビー大特集。アメリカ東部ロケを敢行し、大学内でファッション撮影などしていました。同号では、ELLEの日本版であることも一応は忘れずに「パリ・プレタポルテ・ショー　秋のニットはこうなる」といったページもあれば、アンノン族対策としては「旅なれた人のために……京都2泊3日のひとり旅コース」といったページも。主義主張などはもはやどうでもよくなり、「流行っているもの、おしゃれなものは何でも好き！」といった、一般的に言うところのアンノン族のOLさん向けになってきた印象を受けるのです。

　実際、第１００号では、「職場でめだつ爽やかな服」という特集が。女子大生アイビーガールを紹介するアンアンですが、決して女子大生向けの雑誌ではないのです。と言うより、この時点でのアンアンはまだ、読者ターゲットを定めていません。今は、高校生から六十代までの女性が、こぞってファッションとモテと美容とグルメの情報を求めている時代。年代毎にきっちりカテゴライズされた雑誌を出さなくてはなりません。しかし当時は、女性向けファッション誌を読むような人は、「若い独身女性」という程度のざっくりとしたイメージだったのです。だからこそ、学生の特集とＯＬの特集が混在している。

「職場でめだつ爽やかな服」のページには、資生堂、電通、トヨタ自動車といった大手企業のＯＬさんが登場するのですが、別の号では「どうすればなれるのか　スタイリスト志願」という特集が。「ファッショナブルで、収入も多くて、女の子には夢の職業」であり「一時のスチュワーデスよりもっとかっこいい」というスタイリストになるにはどうすべきか、という内容です。

　働く女といっても、大手企業のＯＬとスタイリストでは読む雑誌が違うだろう、とカテゴライズ化が進んだ今を生きる私達は思います。しかし当時は、女性の職業選択の幅は、そう広いものではなかった。「学校を卒業しても、すぐに結婚はしたくはない。何らかのことをして、働きたい」と思っている若い女性が読むのが、アンアンだったようなのです。

様々なものが未分化で、まだ牧歌的とも言うことができた、アンアン。ここに次第に忍び寄ってくるのが、〝カテゴライズ化の波〟です。七〇年代の半ばを迎えると、「若い独身女性」はどんどん細分化され、読者層を絞り込まざるを得ない情勢になってくるのでした。

リセとニュートラ

No.106
1974年9月5日号

一九七四年九月の第106号では、〝秋のキャンパス・ファッション〟として、

「ヨーロッパ調のリセ　アメリカ調のアイビー　あなたはどちらを選ぶ？」

という特集が組まれています。

ここで「リセ」という文字を見て「おや」と思ったあなたは、もしかすると元オリーブ少女でしょうか。

「リセ」とは、フランスの女子高校生にあたる「リセエンヌ」の意。この言葉を有名にしたのは、「ポパイ」の女性版として一九八二年に創刊された雑誌「オリーブ」です。創刊時は女子大生向けだったオリーブは、翌年には読者ターゲットを女子高生に変更。オリーブは読者の女子高生達に、

「オリーブ少女は、リセエンヌを真似しよう！」
とけしかけました。ヤンキー色が強かった当時の女子高生のバッドセンスに業を煮やしたのか、お金をかけずにシックなファッションを楽しむリセエンヌを目指すように、とのお達しがオリーブから出されたのです。

私のような当時のオリーブ読者は、「フランスにはリセエンヌっていう人達がいるんだー、よくわからないけどしゃれてる！」と素直に憧れ、リセエンヌ概念は流行。当然、「リセ・エンヌ」を〝発見〟したのは「オリーブ」なのだと思っていたのです。しかしそれより遡ること十余年、実はアンアン誌上において、リセエンヌは既に発見されていました。

アンアンにおけるリセエンヌの初出は、一九七一年十月の、第39号。まだＥＬＬＥの日本版であるという意識が濃厚でフランス色が濃い時代、「フランスの高校生」について紹介する見開きのコラムが載っています。それによれば、かつてはフランスの高校生も、白いブラウスにグレーのスカートでなくてはいけないなど、日本と同じくらい窮屈だったのだそう。しかし一九六八年に起きた五月革命によってその状況は劇的に変化し、「リセ」達は自由を獲得したのだ、としてあります。

しかしその後しばらく、アンアンにおいて「リセエンヌ」が注目されることはありませんでした。一九七四年になって急にスポットライトが当たることになったのは、似て非なるファッションである「アイビー」がまた台頭してきたからなのか。ELLE日本版としては、アメリカのアイビーばかり注目するのもいかがなものかということで、リセエンヌが再び引っ張り出されたのかもしれません。

第106号の、前出「リセとアイビー」の特集においても、「Lycéeの女の子がおしゃれが上手な理由」について、見開きのコラムで解説されています。もともとは超保守的な環境にいたからこそ、「フランスの女の子がおしゃれを自分のものにしていくには、苦労と工夫が必要」なのであり、「1枚しか買ってもらえないコートを、幾通りにも着こなして、ELLEやVOGUEのマネを試みる」のだ、とある。

かくして七〇年代半ば、アンアンに本格的に登場した「リセエンヌ」というファッション、というか〝目標〟。以降、

「リセの教科書」
「リセの生活」
「春のリセエンヌ・ルック」

など、リセエンヌを押し出した特集が頻繁に見られるようになりました。

この頃のアンアンは、アイビーやリセエンヌといったファッションに注目している

「リセとアイビー」(No.106)／リセを「制約と弾圧の中で工夫するおしゃれ」、アイビーを「ノビノビ自由に着こなすおしゃれ」とし、対比させて紹介。

だけあって、ぐっと学生寄りの雑誌になっています。たとえば「ハイ・スクール・ルック」として、成城学園や女子学院といった、制服が無い東京の女子高校生達のファッションを紹介。おそらくは東京版のリセエンヌを探そうとしていたのでしょう。この特集は、まんま後の「オリーブ」において踏襲されております。

　さらには「東西カレッジ・ファッションSTYLE BOOK」として、東京と関西のおしゃれなイメージの女子大生が紹介されたりもしていました。こちらは、「『JJ』ですか？」と聞きたくなるようなページなのですが、ニュートラ女子大生のバイブル「JJ」は、この時まだ創刊されていません。

「リセエンヌ」を発見したのがアンアンであったわけですが、実は「ニュートラ」を発見したのも、アンアンでした。その初出は、一九七四年九月の、第107号。「さんプラザの新しい波（ニュー・トラ）いま神戸で」という特集が組まれているのです（さんプラザとは、三宮の複合施設の名前）。

そこには、「神戸っ子のファッション〝ニュー・トラ〟カジュアルな服を上品に、お嬢さんぽく着こなすのです」との見出しが。ニュー・トラッドの略であるニュートラは、「IVYの変型」であり、「ちょっとお嬢さんぽく上品ぽく、パールやゴールドのドレッシーなネックレースをカジュアルな服に合わせる」というのが新しかったそうで、「こんな組み合わせはファッション大革命」と絶賛されています。さらには「波乗り《サーファー》ルックも流行中」とのこと。

この時代、神戸は新しい流行を生み出す地であり、ニュートラやサーファーもその一つでした。後に、その手のモテ系ファッションは一大勢力となってアンアンと袂《たもと》を分かつことになりますが、何であれ新しいものを好むアンアンとしては、新しいファッションとしてのニュートラにも、注目したのです。そしてこのニュートラ、意外にもアンアンに及ぼした影響は少なくなかったのであり、知られざるアンアンのニュートラ時代が、幕を開けることになります。

ニュートラに賛成？反対？

一九七四年、アンアンによって発見された、ニュートラ。翌一九七五年は、日本における「ニュートラ元年」と言うことができましょう。前年の神戸特集の記事に手応えを感じたのか、この年一月の第115号では、

「いま話題のニュー・トラって何？」

という特集が。同年九月の第130号では、

「ニュー・トラのすべて」

という巻頭大特集がなされるようになったのです。前年九月の時点では、「神戸でニュートラというものが流行っているらしい」という感じでしたが、年明けにはニュートラを積極的に受け入れる姿勢に。そしてニュートラ発見から約一年後の

No.130
1975年9月5日号

「ニュー・トラのすべて」では、「いまや東京にも進出したニュー・トラ」ということになり、ニュートラファッションの人気の高さ、伝播の速さを物語っているのでした。

　そして同年、光文社から創刊されたのが、「JJ」です。ハーフっぽいモデルが小首をかしげる写真の表紙には「別冊・女性自身」とあり、「JJ」とは「女性自身」の意。巻頭の大特集は「ニュートラ　横浜・神戸・東京・大阪　スナップとお店ガイド」というものです。「あなたもニュートラをはじめよう」というページもあり、アンアンが「ELLE」直輸入のヨーロッパ系ファッションや、独自にフィーチャーした「リセエンヌ」等、様々なファッション傾向の中の一つとしてニュートラを見ていたのに対して、「JJ」は最初からニュートラの啓蒙誌であり、専門誌でした。

「ニュートラのすべて」(No.130)／ニュートラを「神戸型」「東京型」に分類し、読者の実例とともに紹介。

　ちなみに、アンアンでは「ニュー・トラ」であった表記を、JJでは「ニュートラ」としています。ニュー・トラディションの略語でなく、「ニュートラ」という単語を確立させたのが、JJなのです。

ただしこのJJ、読者層としてはやはりアンノン族を狙っていたようで、創刊号でも「山陽路　ローカル列車の旅　新幹線に乗らない岡山↓博多一週間」などというシブい旅の特集をしています。コンサバ系ファッションのお嬢さん達の興味がモテにのみ集中し、旅情などどうでもよくなってくるのは、もう少し経ってからのことでした。

ちなみにニュートラ元年である一九七五年には、荒井由実すなわちユーミンの三枚目のアルバム『COBALT HOUR』が大ヒットしました。山口百恵や桜田淳子、西城秀樹に郷ひろみといったアイドルが人気、かつフォークソングも安定した人気を保っている中に登場したユーミンは、極めて都会的かつおしゃれな存在感。ヒッピーともウーマンリブとも無縁な、「ボーイフレンドの車の助手席でドライブ」的なユーミンの世界観は、ニュートラ派の女性の趣味にぴったりと合致したのです。

かくしてニュートラもユーミンも、七〇年代後半にその人気を着々と高めていったわけですが、アンアンにおいては、「勢いはあるけれど、数あるファッション傾向の一つ」という捉えられ方をされたのが、ニュートラでした。「スタイリスト&モデルさんの私服調べ」「図鑑　ハイスクール・ライフ」「ジーンズ・ママと子供服」「正調カントリー・ルック」「チープ・シック」といった特集が並び立つアンアンは、服装のタイプも読者の属性も混在する雑誌だったのです。

ニュートラの出現によって、女性ファッション界には、何やら不穏な空気が漂い始めました。それというのも、前出「ニュー・トラのすべて」という巻頭大特集では、「あなた、ニュートラに賛成？　反対？」という大論争が。ニュートラとはファッションであると同時に、「保守」という生き方、そしてイデオロギーを示すものでもあり、革新派の神経を激しく刺激したのです。

ニュートラに的を絞った「ＪＪ」が登場したのは、そのせい。ニュートラは、ファッション総合誌の中にはどうにも収まりの悪いファッションだったのであり、一つのファッション傾向のみを扱うファッション誌は、「ＪＪ」が嚆矢《こうし》。「ＪＪ」はファッション誌であったのみならず、一種の思想誌でもあったとも言えましょう。

アンアンのニュートラ論争においては、セリーヌやディオールを身につける神戸のニュートラ女性が、

「おしゃれって、自分を満足させるためだけれど、人に見せたいという欲望もあるでしょう。名の通ったものを見せつけるのは、正直いっていい気持ち」

と正直な心情を吐露。またやはり神戸のニュートラ派が、「母が眉をしかめる服装はしません」「ウーマンリブなんて絶対イヤ」「いわゆるＧパンは嫌い」などと言って

いるのに対して、アンチニュートラ派は、

「親が安心するファッションなんて着たくないわ。ファッションはつねに新しくなくちゃ」

と。ニュートラ派が、

「ニュートラを着ている人は、おしゃれも生き方も、清潔なケジメがあるんです」

「流行にのった新しい服装の人って、ダラシない感じがするの。服装だけじゃなく、生き方や考え方も……」

と相手の人格攻撃にまで及べば、アンチニュートラ派は、

「ニュートラを着ている子は見合い結婚でお嫁にいくタイプだと思う。親や世間体ばかり気にするなんて許せない！」

「新しいファッションというのは、自由で、独創的じゃなければ。そういう理想をもっていないニュートラは、ぜったい否定すべき」

と鼻息も荒く応戦。……このニュートラ論争は、結果的にアンアンが向かう方向にも、大きな影響を与えることになります。

「私は女性です」か、「男女平等」か

No.154
1976年9月5日号

様々なファッションが共存していたアンアンに、ニュートラが登場するや噴出した論争。ニュートラには、他ファッションとの共存をよしとしないムードがありましたし、他ファッション側もまた、ニュートラに対する反発を強めていきました。

一九七六年九月の第154号では、「あなたはニュートラ派？　リセ派？」という特集が。ニュートラの対抗概念として、リセエンヌが登場したのです。本物のフランスのリセエンヌからしたら、「は？　なぜ我々がニュートラとやらと戦いを？」と思うところでしょうが、既に「リセ」はアンアン誌上においてファッションの一派閥として確立されていたのであり、保守的なニュートラの対抗概念として、自

「あなたはニュートラ派？　リセ派？」(No.154)／「ニュートラ派」と「リセ派」が全面対決！　見開きページでニュートラ派の仁科明子さん(写真右)と、リセ派の秋吉久美子さん(写真左)が登場。

由な「リセ」が駆り出されたのでしょう。

とはいえ「リセ」というジャンルは、アンアン誌上以外にはあまり普及していなかったものと思われます。特集では、ニュートラ派代表として仁科明子（現・亜季子）さんが、リセ派代表として秋吉久美子さんが、それぞれそれっぽい服を着て登場しているのですが、秋吉さんは、

「リセって知らないけれど、こういう感じの服は大好き」

と言っています。反ニュートラのファッションとして何らかの旗印が必要となった時に駆り出されたのが、リセでした。

この特集では、様々な男性有名人に「あなたはニュートラ派？　リセ派？」と聞いています。俳優の原田大二郎さん

は、

「ボクはもう、ニュートラ派。スカート・スタイルの人っていいなあ。パンタロンはイヤ」

と、ニュートラ支持。棋士の内藤國雄さんも、

「僕は、ズボンはキライですなあー。女はスカートですな。だからそれでリセは失格ですわ」

と。また俳優の倉田保昭《やすあき》さんも、

「なんていったってニュートラだね。女っぽいよ。古いかもしれないけど、女は一歩退って、しゃしゃり出ないものだ、と思っている」

ということなのでした。

対してリセ派として、

「自分の着たいものを着て、自由なナリをする。オリジナリティーがある点でリセがいいな」

とおっしゃるのは、岡本太郎さん。ミュージシャンの森田公一さんは、

「ニュートラ・スタイルで歩かれると、みんな、パンツの色まで同じじゃないかなーと思う。リセだったら、もしかしたらなにもはいてないかもしれないっていうスリル

があるじゃない」

と。そして作家の吉行淳之介さんは、

「ニュートラの凝り方は好きじゃないな。なまじ5万円のネックレスより、700円くらいの腕輪をしたほうがシャレてるんでね。そんなことでリセはいいな」

ということでした。

スカート着用、画一的、高級志向なのが、ニュートラ。ズボン着用、自由、お金をかけないのが、リセ。……というイメージが男性にはあるようですが、このようにニュートラ支持かリセ支持かを「男性に訊く」という部分に、ニュートラがもたらす波乱の種子が存在しています。すなわちニュートラとは、異性に脅威を感じさせないが故に「モテるファッション」だったのです。ニュートラvsリセは、保守vs革新の対立のみならず、モテvs非モテの対立でもありました。リセ側からしたら、努力して勝ち得た自由を、モテるためにみすみす手放す退行現象的ファッションが、ニュートラだった。

かつてはお見合い結婚の人の方が多かった日本ですが、アンアン誌上でニュートラ論争が勃発した頃、恋愛結婚とお見合い結婚の割合は、七：三ほどに逆転していました。それは、「結婚するには、自分の力でモテなくてはならない時代」に突入したことを意味します。

女性の社会進出は、まださほど進んでいないこの時代。条件の良い相手と結婚して専業主婦になるためには、過酷な椅子取りゲームに参入しなくてはならないことを察知した女性達は、こぞってニュートラに手を伸ばしました。対してリセなどのファッションを好む女性達は、モテのために自由を捨てるニュートラ派に、さらには、限りある資源「モテ」をかっさらっていくニュートラ派に、警戒心を強めたのです。

この特集には、印象的な文章があります。それは、

「ニュートラが、男性に対して『私は女性です』と叫びながら歩いているファッションだとしたら、リセは、『男女平等』と呼びかけながら歩いている服かもしれません」

というもの。

そもそもは「異性ウケより自分ウケ」的な感覚を持っていた、アンアン。保守的な生き方に反発する意志を持ち、ファッションも生き方も自由に、という姿勢でした。それが創刊から五年余が経つと、ヒッピーやウーマン・リブの反動で、保守還りとも言えるニュートラが流行。「女は一歩退って、しゃしゃり出ないもの」と語るような男性が好むニュートラをアンアンで紹介するのは、悩ましいところもあったと思われ、流行のファッションとしてのニュートラを紹介はするものの、そこはかとないアンチ

ニュートラ気分も漂うのです。

互いの違いを認めながらさまざまなファッションが共存していた日本の若い女性の世界に、ニュートラはこのようにして三十八度線的なものを引きました。女性は、モテ国と非モテ国に分断されることになり、モテ国はJJという正典を手に、「私は女性です」と主張するファッションをまとったのです。

対してまだ確立していなかったのが、非モテ国の正典。果たしてアンアンは、その役割を担うことになるのか……？

さよならアンアン

ニュートラを含む、様々なファッションを紹介しつつ、街や旅の情報も欠かせなかった、七〇年代後半のアンアン。創刊から約十年が経って、創刊当初に横溢していたエッジが立ったイメージは、薄れていました。

そんな一九七九年の四月に発売された第２１８号の巻頭には、

「お別れ大特集号　さよならアンアン」

という文字が。すわアンアン休刊か？　と思わせる見出しですが、これは休刊のお知らせではなく、リニューアルのお知らせ。「次の号から、大きく変わります。つきましては、アンアンの来し方を振り返ってみましょう」という特集だったのです。

創刊時に連載していた大橋歩《あゆみ》さんによる、「胸がはりさけそうな雑誌があった」と

No.218
1979年5月5日号

いうエッセイ。原由美子さんの「私、はじめてのマガジン・スタイリストでした」というページ。そして、創刊当時はやたらヌードが多かったアンアンの名物連載「ファミリー・ヌード」も、この号に限って復活しています。

初期アンアンで活躍した人達も、コメントを寄せていました。長沢節さん、三宅一生さん、横尾忠則さん等、錚々《そうそう》たるメンバーが登場しており、それらのコメントの中から、七〇年代末当時のアンアンの存在感を、うかがい知ることができるのでした。

たとえばイラストレーターの小林泰彦さんは、

「女の子のライフスタイルを変える提案、大革命が必要な時代だったんだよね。いまはアンアンの役目は終わったという感じがします」

と。絵本作家の長新太《ちょうしんた》さんは、当時アンアンでイラストも描かれていて、

「創刊の頃は新鮮でしたね、いまじゃ同じような雑誌がいーっぱい」

「追随するものが出てきても、部数で追い越されても、主張を貫いて行く雑誌でいてほしい」

と。そしてコム・デ・ギャルソンの川久保玲さんは、

「今という時代は雑誌作りも服のデザインも営業的になって、売れなきゃいけない。でも、たとえ儲からなくても、ひとつひとつの重みのあるものがあっていい。それが

アンアンはやった。
9年前、奇頭の女性雑誌があった！
さよならしちゃった方がいい！　新しいことやんなきゃ雑誌じゃないヨ。
アンアンはやる！
5月11日
新アンアン誕生
'80年代を予感して●これが創刊号です
nouvel!
an·an
10 days magazine
新アンアンは
日本で初めてのテンデイズ・マガジンです。
新アンアンの
発行日は1日・11日・21日の月3回です。
新アンアンは
ゼンゼン全く新しいファッション誌です。
新アンアンは
オール・カラー・グラビアの薄型《スリム》タイプです。
新アンアンは今のアンアンの
23のページに2倍の情報がつまっています。
新アンアンのスローガンはこうです。
ホットな話題をクールに編集——
アンアンはやるだろう！
5月11日にご期待ください！

「さよならアンアン号」(No.218)／次号予告のページ。右上はアートディレクターの堀内誠一。このタイミングで、月３回発行の「10 days magazine」にリニューアルした。

売れたときこそ、ほんものの時代です。服も、雑誌もね」

と。

　初期アンアンは面白かった、尖っていた。けれど「東西女子大生ファッションくらべ」みたいな記事が載る今は、大衆に迎合しているよね……。というムードが、皆さんの意見からはうかがわれます。初期アンアンを知る人たちは、アンノン族ブーム以降のアンアンに、ヌルさを感じていたのでしょう。だからこその「さよならアンアン」だった。

　そしてもう一つ「さよなら」が表すものは、七〇年代に対する別れ、です。今また七〇年代の風俗はリバイバルしてきていますが、反保守感が溢れつつも、田中角栄が首相となり（一九七二〜七四）、高度経済成長がピークを迎える……という強烈な時代だった七〇年代。その強烈さが印象的だっただけに、新しいムードを求める気運も、強かったものと思われます。

「さよならアンアン」の号には、次号の広告が出ているわけですが、そこには、「アンアンはやる！　5月11日新アンアン誕生　'80年代を予感して　これが創刊号です」

という、気合いの入った文章が。どのように変わるかというと、それまでは月二回刊行だったのが、月三回刊行に。オールカラー・グラビアの薄型雑誌となり、そのモットーは、「ホットな話題をクールに編集」というもの。

では次の第219号から、どれほど新鮮な誌面になったのか……というと、「それほどでもないのでは？」というのが、私の感想なのでした。

「ペチコートで街を歩けますか？」

という文字が、表紙にはあります。ペチコートをファッションに取り入れるのは今は普通ですが、当時は挑発的だったのでしょう。が、「京都レディースホテルガイド」といったアンノン族的ページはまだ続いていますし、激変感は薄い。

しかしいよいよ八〇年代が近づくと、少しずつ変革の気運が、見えてくるのでした。

たとえば一九七九年九月の第230号では、

「ニュートラよ　さよなら　ニューヨーク・トラッドよこんにちは」

という特集が。そこには、

「ニュートラは、いまや流行といったものを超えて、ひとつのスタイルとして定着している」

とあります。それは既にユニフォーム化してしまい、「なまけもののファッションとなっていないだろうか？」との警鐘が。

そこでアンアンが持ち出した対抗ファッションが、ニューヨーク・トラッドでした。バッグならセリーヌやルイ・ヴィトン、スカーフならエルメスといったものを身につけさえすれば完成するニュートラに対して、ニューヨーク・トラッドは、ブランドにはこだわらないコーディネーションが重要なのだ、と。

また同年十月の第234号はブランド特集。「わたしの好きなブランドBest20」という読者アンケートの結果が載っているのですが、これが1位コム・デ・ギャルソン、2位サンローラン、3位BIGI、4位ヴィトン……という、見事なバラつきぶり。つまり、当時はニュートラの象徴とみなされたヨーロッパ系ハイブランドと、日本の前衛ブランドが混在しており、読者層が定まっていないことを感じさせるのです。

「JJ」も登場し、特定のファッションで特定の読者層の強い支持を集める動きが強くなってきた女性誌界で「これではまずい」と思ったのか、間もなくアンアンにも、ファッション傾向を絞る時期がやってくるのでした。

あらゆる
欲望に、
正直でありたい。

1980 ←

ニュートラとの出会い、そして別れ。

それはアンアンに、

「この雑誌は、どんな道を進むのか？」

との問いを投げかけました。

アンアンが選んだのは、
男性にうけることよりも、自分が楽しむことを重んじる道。
それは、アンアンの「腹が決まった」瞬間でした。
日本全体が好景気に向かって進む中、
ファッションの世界は勢いづきます。
八〇年代のアンアンは、
ニュートラとは正反対の個性派ファッションを打ち出しました。

恋も、セックスも。

仕事も、遊びも。

1980's

おしゃれも、フィットネスも。

……アンアンは、キラキラと眩しい生活に、読者を導き続けました。

女性達もまた、

「したいことを、したいように」

と、欲求をのびのびと開花させたのです。


そんな中で訪れたのは、一抹の不安。

このままで、いいのか。

結婚、どうしよう。

いつまでパーティーは続くのか。

……まばゆい光に包まれ、
好きなことをし続ける女性達の未来に、
うっすらとした暗い影が、見えるような、見えないような……?

「脱・ニュートラ」宣言

No.241
1980年1月1日&11日号

一九七〇年代に別れを告げたアンアンが八〇年代をどのような時代として捉えていたかというと、一九八〇年一月の第２４１号には、

「'80年代は個性の時代」

とあるのでした。この号では他にも、「自分のスタイルを持っている人　個性派は黒が好き」「デザイナーがすすめる個性的な服」といった特集が並び、「個性」という言葉を押し出している。

「個性的ファッション」といったら、本来は「個人個人が着たいものを着る」ということになりましょうが、しばしば「個性的」は「変わっている」とか「特殊」の意として用いられがちです。アンアンにおいても、「皆と一緒」傾向が強いニュートラに対する対抗概念として、「個性的」という言葉は使用されています。黒い服が頻出するようになったのも、明るい色使いが多いニュートラと反対のファッションを、との意識があったのかもしれません。

この頃からアンアン誌上を飾るようになったのは、林マヤ、くればやし美子《よしこ》といった日本人モデル達です。彼女達は、ただ可愛い・きれいというのではなく、個性という文字がしっくりくるモデルでした。

この年、日本ではある本が大ヒット。その名も『なんとなく、クリスタル』は、当時一橋大学四年生だった田中康夫さんが書き、百万部を超えるベストセラーとなりました。

主人公は、東京都心に暮らす女子大生。ブランドやお店や楽曲など、膨大な固有名詞が文中に頻出し、それぞれに注がつけられるという新しいスタイルで、アーバンでアンニュイな生活が描かれます。物質的豊かさの中を浮遊する女子大生の姿に、当時中学生だった私も興味を持ったのですが、その本が家にあるという子に「貸して」と頼んだら、「読んじゃいけませんってママが」と焚書《ふんしょ》扱いになっていたのは、「女子大生は普通にセックスしている」という事実も記してあったからなのでしょう。

「なんクリ」ヒット後、田中康夫さんは大スターに。クリスタル族という名称も生まれました。アンアンにもその影響は見られ、一九八一年五月の第286号では、「田中康夫のパリ・新感覚散歩」というページが。男性作家がパリを旅するなど、今までになかった企画なのであり、いかに田中康夫さんが絶大な人気を誇っていたかがわかります。同年六月の第290号では、

「クリスタル族の行かない隠れたい店、楽しい店」

として、渋谷、代官山特集が。当初は、有象無象が行かない都会の隠れ家的な店にクリスタル族は行っていたと思われますが、流行の末に、クリスタル族自体が有象無象扱いされています。

「なんクリ」の主人公・由利は、ニュートラ発祥の地・神戸の生まれ。テニスをする日は、「マジアかフィラのテニス・ウェア」を着て学校に行ったりもするけれど、「一番着ていて気分がいいのは、どうしてもサン・ローランやアルファ・キュービック」の「着ていて飽きのこない、オーソドックスで上品な感じ」の服という、つまりはブランド好きのニュートラ系女子大生なのであり、そんなわけで田中康夫さんは、ニュートラ側の人というイメージがあるのです。

しかしその田中康夫さんの力を借りて、アンアンはとある宣言を行いました。それ

こそが、

「脱・ニュートラ」

というもの。巻頭特集の最初のページには、

「キャンパスやオフィスでは、相も変わらぬニュートラ、サーファーの氾濫（酒井注‥当時、ニュートラとサーファーは同根と考えられており、両者間の垣根は低かった）。でも、このところニュートラやサーファーにファッション異変が起こり始めています。これはどうも女性の意識の変化と無関係ではなさそうです」

そして、

「もう皆一緒に同じ格好をしていれば安心、なんて消極的な意識は捨ててほしいのです」

という前文が記してあります。つまり「世間では、ニュートラ離れが進んでいる」のであるからして、もう「皆一緒に同じ格好」はするな、とある。

七〇年代半ばに流行りだしたニュートラがすでにユニフォーム化していたことは前回も記しましたし、「なんクリ」の注においても、ニュートラの正典「JJ」については、「今や、ごく普通の女子大生が見る雑誌になり下がりました」としてあるのです。ニュートラが一般的になりすぎたことは十分うかがえますが、しかし「皆が

ニュートラ離れしているから、あなたもニュートラは止めろ」という論旨は、「皆一緒」精神に拍車をかけているような気も……。

それはいいとしてこの「脱・ニュートラ」宣言は、アンアンが久しぶりに敢行した、「読者の人生への口出し」でした。初期は、「ファッションも人生も、もっと自由に、大胆に」と盛んに読者を扇動していたアンアンも、次第に「流行は何でも取り上げる」という姿勢となり、ファッションと人生を切り離すようになってきたのです。が、「それではいかん」ということで「さよならアンアン」となって二年余、ようやくアンアンもかつての気概を取り戻して、「皆と同じ、でいいの?」と、檄《げき》を飛ばすこととなった。

そして、前文の後に二ページにわたって掲載されているのが、「みんなニュートラには飽きてきたんじゃないかな」という、田中康夫さんインタビュー。ニュートラ側の人と見られていた田中さんは、果たしてここで何を語るのか……?

ニュートラの行く末

No.299
1981年9月11日号

「みんなニュートラには飽きてきたんじゃないかな」
と題された田中康夫さんのインタビューが掲載されたのは、一九八一年九月の第299号。白いジャケットにネクタイという若き日の田中さんが、フランス料理（たぶん）を召し上がりながらインタビューに答える写真が載っています。

そこで田中さんは、

「ニュートラというのは女のコたちにとって初めての考えないですむファッションだったんじゃないかな」

と語ります。それまでのおしゃれは、自分で勉強して考えてしていたものだったけれど、ニュートラは一定のブランドを身につけてしまえば完成するという意味で、

「考えないですむファッション」だった、と。さらに、今の若者は「何を着ている、あるいはどの店にいった、そういうことによって自分のおかれている立場を証明しようとしている時代なんですよ。それが一種のステータスになってきてるわけですよ」とおっしゃる。

おそらく田中さんご自身も、何を着てどの店に行くかによって自身の立場を証明するというニュートラ的行為を楽しんだ若者の一人と思われますが、そこには批判的な視線が存在しています。ニュートラの弊害として挙げられたのは、

「若い人が間違った階級意識をもってしまった」

ということ。ニュートラの人は、「他人と違いたいと思いながら、違える方法がわからない」ので、既にあるブランド等を身につけることによって安心してしまう。「足立ナンバーはいや」「『ボートハウス』のトレーナー着たらそれだけで湘南族」といった考え方の人というのは、

「精神的に貧困な人の集まりだと思いますよ」

と、厳しい意見が。

では、ニュートラはどこへ行くべきなのかというと、「自分自身の内面をたかめることによって、マークだとかブランドだとかは必要なくなってしまいますよね」とい

みんなニュートラには飽きてきたんじゃないかな
田中康夫

「脱ニュートラ」(No.299)／インタビューページでは田中康夫さんが、ベストセラー『なんとなく、クリスタル』の背景から、消費の未来まで予言。

うことなのでした。当時中学生だった私は実感として理解できていなかったものの、この時代のニュートラの人達は、消費といえば服飾品、という過剰に外見重視の生活だったらしい。だからこそ八〇年代への展望としては、

「かなり時間はかかっても生活を大事にしていく、そうするとだんだん服ばなれがおきてくる」

とおっしゃっています。

この予言は、当たりました。物質主義の時代はこのインタビューの後もさらに続いて、やがてバブルの時代を迎えるわけです。その後バブルが崩壊し、デフレ時代を経て二十一世紀となると、人々は「ていねいな暮らし」というやつに憧れ、

シンプルで安い服を着るように。ブランド好きの人は「昭和って感じー」などと言われる世となったのであり、まさに「時間はかかった」けれど、生活を大事にする人が増えてきたのです。

「ニュートラも決して無意味ではなかったでしょうね。少なくともいいものがわかったんじゃないかって気がしますね。投資して、盛り上がって、いきづまって、脱皮して……」

という言葉で、インタビューは終わっています。この言葉もまさに、ニュートラの人の未来を暗示するかのよう。「いいものがわかった」人達は、その後も「いいもの」の価値を忘れることはありませんでした。どれほど不況になっても消費の快楽は手放さず、彼女達はおそらく一生、「消費の先導役」を担うことになるのです。

この特集に載るもう一つのインタビューは、作家の中島梓《あずさ》さんのもの。女性の立場からのニュートラ論で、タイトルは、

「ニュートラには言いたいことがある」

となっています。中島さんは、アンチニュートラの立場です。ニュートラを着る女性は、自分が好きで着ているわけではない。彼が、上司が、親が喜ぶから着るというその姿勢に苦言を呈しておられます。

ニュートラ隆盛の源にあるのは男性の視線なのだと看破する中島さんは、その理由を「女の人を自由にしてあげるだけの寛容さ」が男にないからだ、としています。さらに、安心できる格好の女の子しか連れて歩きたくないという男性の姿勢を「怠惰」とし、「日本の女のコはそれにズルズルぶらさがってる」と、ばっさり。

「ニュートラ着てると永遠にいまのままだよ」

「もうちょっと社会に目を向けてもいいんじゃありませんか」

「いつもいつもニュートラじゃ若いまんまで年とっちゃいますよ」

と中島さんは最後におっしゃいますが、その言葉もまた、ニュートラの未来を予言しているのでした。ニュートラ世代は、美魔女世代のトップランナー。彼女達は、「若いまんまで年をとる」ことに何ら抵抗を感じない、というかむしろそうなりたい人達だったのですから。

ニュートラは単なるファッションではなく一種の思想だったと以前記しましたが、だからこそこのように、人々はニュートラについて何かを語らずにいられないのです。だというのに、ニュートラを着る本人達には、それが思想を体現するファッションだという自覚がまるで無いことが、ますます周囲をイラつかせた。

こうしてアンアンはニュートラを「脱」したわけですが、そもそもそれはアンアンという土壌には合っていないファッションだったわけで、ニュートラ派としては痛くも痒《かゆ》くもなかったことでしょう。ニュートラとアンアンは、足かけ七年の交際を終えて、それぞれ別の道に。ニュートラを源とする「モテ系」の女性達は、今もその子孫を増やしつつあるのでした。

セックス特集解禁

田中康夫さんの力を借りて、ニュートラに別れを告げたアンアンですが、その後はニュートラを超えるブームをアンアンから発信したい、という目論見《もくろみ》が見え隠れするようになります。たとえば「脱ニュートラ」号の直後には、「ニュートラ発祥の地に変革を見た」と題して、やはり田中康夫さんが神戸ルポを敢行しており、そこでは「ニュー・スクエア」という新しいファッションが神戸で発生、との報告が。また別の号では「ニュートラを超えて」ということで、「アンアン・トラディショナル」というファッションが提案されています。

残念ながら「ニュー・スクエア」も「アンアン・トラディショナル」も、定着はせずに終わった模様ですが、しかし八〇年代への突入、週刊化、そしてニュートラとの別離という三大変革を経て、アンアンは明らかに新しい時代に入りました。週刊化によって矢継ぎ早に打ち出された様々な特集の中には、後々まで人気企画となって続くものが、多く含まれていたのです。

たとえば、セックス特集。現在のアンアンでも人気が高いその手の特集の最初は、一九八二年七月の第341号かと思われます。この号では、ファッションページをさしおいて、

「男の独占、なるものか！　夏だから⁉　猥談でもしてみようか。」

という特集が巻頭に。「お気に召すまま媚薬を使えば今宵は長し」「あわてて童貞をナンパするとケガする⁉」「黒人男性のオタマじゃくしは実に生命力がある⁉」といった小ネタが数々並び、「昼下がりオフィス・ラブ派のラブ・スペースはシティホテルのデイ・タイム・サービスで」といった実用的記事も載っています。

初期のアンアンではヌードが頻出し、大胆なセックスの提案記事も見られたと、以前に記しました。「抱かれる女から抱く女へ」というスローガンもあったその時代は、「女はいつまでも受け身でいてはならない」「女は自由であるべき」という、ウーマンリブ的思想含みのヌードブーム、そしてセックスブームだったのです。

しかし八〇年代の女性は、「気持ちいいから、したい」「みんながしてるから、した

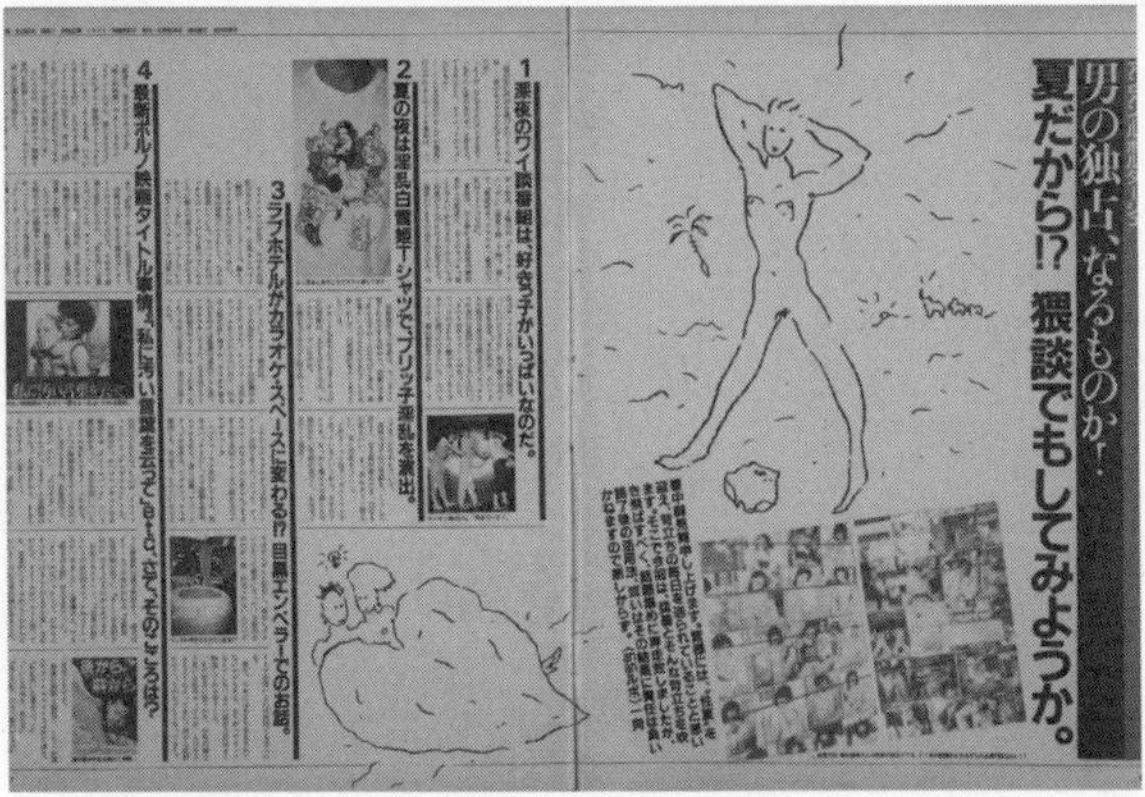

「夏だから!?　猥談でもしてみようか。」(No.341)／初のセックス特集は、モノクロページ。ヌードはイラストで描かれ、ちょっと男性誌的でもあり、ミニコミっぽい雰囲気も。

い」という感じで、もっと軽くセックスを捉えています。この頃の日本では、ノーパン喫茶が大ブームになったり、愛人バンクというものが話題になったりしていました。また「ビニ本」（知らない方に注：立ち読みができないよう、透明ビニールで包まれたエロ本の意）も書店に溢れ、アンアンの「猥談」特集にも、「総理大臣・鈴木善幸《ぜんこう》さんの名前が出なくても、ビニ本の話題がとりあげられぬ週刊誌はない!?」

と書いてあるほど。ヘア解禁（知らない方に注：かつての日本では、ヘアすなわち陰毛が写った写真は規制されていた）はまだだったものの、規制があるからこそ、それをどうにかしてくぐり抜けようという猥雑なセックスパワーが、日本には満ち溢れていたのです。

結婚前のセックスにしても、「自由への挑戦」ではなく「普通のこと」になり下がっています。一九八四年四月の第424号におけるセックス特集の〝アンアンセックス意識調査〟では、調査した一〇二人のうち、処女は三人、初体験平均年齢は一八・九歳なのですから。

最初のセックス特集の評判が良かったのか、一九八三年五月の第379号は、全体のテーマが「セクシー」。「体の線が出る服に刺激されます」「SEXYな着こなし術」といったファッションページに続いて、「わたしの性の告白」として、読者のセックス体験が。

「あそこのシメ方がわかってから、私のほうがリードしている実感があります」

と言うのは、二十歳の専門学校生で、

「正常位が一番感じるし、安心感がある。ひと言でいいきればSEXっていいもんです」

と言うのは、二十二歳のフリーライターです。

「男の生理を知っておきたい」というページでは、「大きくなったり小さくなったり変化するペニス。一体どんなときに、どのように大きくなってしまうのかしら?」

「今や処女は貴重な存在だというけれど、処女と非処女はどう見分けるの？」と、ややカマトト感の入った質問に回答が寄せられています。さらには、

「『Gスポット感覚』って、どんな感じ？」

というページもあって、その後のハウツー的なセックス特集へとつながる流れが、既にできあがっているように思われるのでした。

セックス特集は、かくして定期的にアンアンに登場するようになります。前出の第424号では、「強烈対決座談会・C派vsG派」というページも。C派とはクリトリス派で、G派とはGスポット派のことなのだそうで、

「クリトリスだけで終わっても腹は立たないけど、Gスポットだけで終わられたら腹が立つから、私はクリトリスの味方ですね」

「私はね、オーガズムは相手と一緒に、と思うのね。〝G〟だとそれができるもの。だから〝G〟派なの」

といった議論が交わされているのでした。

それまでも、「リセvsニュートラ」「ニューヨーク感覚vsパリ感覚」「金子功派vs島田順子派」など、ファッション傾向の違いによる様々な闘争をけしかけてきた、アンアン。好戦的な遺伝子がそこには確実にあるのですが、ここにきてとうとう、クリ

トリス派とGスポット派まで戦わせるようになったのです。

それは、週刊化して特集がより細かくなってきたが故の、読者の生活への介入行為だったのでしょう。さらには八〇年代以降、アンアンが男性に対して抱く意識にも変化が見られるが故のセックス特集、という気がしてならないのでした。

芸能界への接近

八〇年代以降、アンアンに新たに見られるようになった特徴の一つに「芸能界への接近」というものがあります。今でこそ、アンアンにアイドルや俳優といった芸能人が登場するのは当たり前になっていますが、七〇年代のアンアンにおいては、「芸能人は、ダサい」という意識が強かったらしい。誌面に頻繁に登場するのは、カメラマン、スタイリスト、モデル……といった、いわゆる業界人ばかり。業界内のスターにスポットライトを当てるという初期アンアンの姿勢は、一般ウケはしなかったけれど、一部の人には支持されたのです。

しかし八〇年代になると、アンアンも芸能人に対する姿勢を軟化させます。一九八二年十月の第352号では、

「このところ芸能人にもおしゃれ人間がふえている。」

という特集があって、「ちょっと前なら、芸能人のステージ衣装は野暮ったくてやたら派手なだけの悪趣味の代名詞みたいなものだった。この頃、キラッと光る人が多くなってきたみたいですねえ」という文が添えられています。確かにそれまで芸能人というと、田舎から出てきたばかりの子が安っぽい衣装を着せられるとか、センスは無いがお金はある女優がゴージャスなだけのドレスを着ているとか、ファッション面で見るべきものはなかった。しかしこの特集では、「黒っぽい服が大好き、コスチュームを選ぶとなると、自分で『BIGI』のプレスルームに出掛けて行く」という女優の高樹澪、「サーファー風の画一性は嫌い。若いからちょっとムリしてるけど『MOGA』を着こなしたい」という歌手の杏里などが、モデルのように登場しているのです。

一九八三年三月の第371号では、一号まるごと「タレントが登場するアンアン」と銘打たれ、表紙はアンアンの専属モデル・甲田益也子《こうだみやこ》と郷ひろみのツーショット。このカップリングは異種格闘技に近い雰囲気を醸し出していて、「タレントが登場する」ことが、当時のアンアンにとっていかに特殊であったかがわかります。表紙を開けば、「いま、人気の男性タレントが『アンアン』に挑戦!」ということで、風間杜

「タレントが登場するアンアン」(No.371)／アンアンが芸能界に接近するきっかけは、ファッション。巻頭に登場の永島敏行さんと甲田益也子さん。

夫、森進一、藤竜也、そして坂本龍一（タレントだったんですね）までもが、甲田益也子と組んでモデルとして登場しているのでした。

男性人気タレントがモデルのように登場するという企画は、その後現在に至るまでアンアンにおいて人気ページとなっていますが、この号がその始まりでした。

そもそもアンアンを発行するマガジンハウスは、この号が出た一九八三年に「平凡出版」から社名を変更した会社。そして平凡出版といえば、週刊そして月刊の「平凡」という雑誌が、創業当時からの売れ筋でした。それらは集英社の「明星」と並んで人気の芸能誌だったのであり、平凡出版／マガジンハウスは、もともと芸能界との結びつきは強いのです。

だからこそ「平凡」色は滲ませまいと、初期アンアンではダサいイメージの芸能人を徹底的に排除していたのだと思うのですが、八〇年代になってためしに芸能人を起用してみたら、手応えが感じられた模様。その後も、一九八四年一月の第412号では「芸能界へ愛をこめて」という巻頭特集が、そして同年八月の第440号では「芸能人大好きだもん。」という、開き直ったかのような特集が見られるのでした。

「友達同士で話していて意外なことは、みんな結構芸能人通なんだよね」「たしかに最近、芸能人ておもしろい。ファッションだって頑張ってるし、メークやヘアだって、みんな個性的」なのだそうで、「田原俊彦は見逃せない」し、「吉川晃司や羽賀研二も注目株」で、「女だと、キョンキョンこと小泉今日子」「不思議でかわいいのは戸川純」「ニューミュージック系では杏里やEPO」ということで、「みーんなみんなおしゃれだな。だから芸能人て大好き！」と、つい数年前までは無視していた芸能人のことを、手放しで礼賛しているのです。

この号で特筆すべきは、トシちゃんこと田原俊彦というジャニーズタレントをフィーチャーしていることです。前出の郷ひろみもかつてジャニーズに所属していましたが、アンアン登場時には既に別の所属に。ジャニーズアイドルが本格的にアンアンに登場したのは、田原俊彦が最初です。

田原俊彦は、一九七九年から放送された「3年B組金八先生」でブレイク。八〇年には「哀愁でいと」でレコードデビューし、八〇年代を代表する大人気アイドルとなりました。

それまでのアンアンであれば、マスの人気を持つジャニーズアイドルを毛嫌いしたことでしょうが、この号ではトシちゃんがモデルとして登場。しかしそれだけでは「平凡」と同じになってしまうので、モデルの山口小夜子、ヘアメイクアーティストの渡辺サブロオ、デザイナーのこぐれひでこといったおしゃれっぽい有名人が、トシちゃんを賞賛するコメントを寄せています。またトシちゃんが着る服もアンアンっぽいもので、「お酒、飲めないんだ。カフェバーに飲みに行くなんて、まずない。じゃあ夜？　ときどきドライブに出るよ。あてなく走るんだ」といった文章が添えられています。

その後、ジャニーズのアイドル達はアンアンにとって欠かせない存在となっていくのは、ご承知の通り。アンディ・ウォーホルがキャンベルのスープ缶を描いたのと同じように「大衆に人気のアイドルを、あえてモデルに」という感覚が「おしゃれ」だったのかもしれません。が、おしゃれな男が実はわかりやすいニュートラを好むように、おしゃれな女も実はわかりやすいジャニーズが好きというセオリーも、この時に発見されたように私は思うのです。

ハウスマヌカンになろう

No.388
1983年7月15日号

現在のアンアン読者はおそらく知らないであろう、「ハウスマヌカン」という言葉。これは八〇年代のアンアン変革の時代に、アンアンが仕掛けて流行らせた職業の名前です。

してその職業とは、平たく言うならば「洋服店の販売員」。それまでは「ブチック店員」などとアンアン誌上で記されていたその職業は、「ハウスマヌカン」という新たな名前を与えられることによって、一気に花形職業となったのです。

最初にアンアン誌上でハウスマヌカンがスポットライトを浴びたのは、一九八三年七月の第388号。

「いまいちばん興奮的職業の『ハウスマヌカン』になる。」

という大特集が組まれています。そこには「おしゃれ人間のいまいちばんのあこがれ、最も新しい女性だけの職業、それがハウスマヌカンだ」とありました。ブランドの服をおしゃれに着こなす販売員は、モデルでありイメージガールでありスタイリストでありバイヤーでもあるということで、「ただ服を売るだけの〝売り子さん〟というイメージは捨てなければ」と、アンアンは言っている。

「リセエンヌ」や「アンアン・トラッド」など、アンアンはそれまでも、新しい名前やカテゴリーを発掘したり創作したりすることによって、ブームを巻き起こそうとしてきました。それらは定着したものばかりではない、と言うより定着したものの方が少ないのですが、「ハウスマヌカンを花形職業に」という仕掛けは、大成功。「ブチック店員」をフランス語で言い換えることによって、一気におしゃれ化させたのです。

アンアンが読者の職業意識の涵養《かんよう》に熱心になったのは、ニュートラとの決別と時を同じくしています。ファッションとしては先端的でも個性的でもなかったニュートラは、それだけに異性に好かれるファッションでした。ニュートラを好むのは、より良い相手との結婚によって専業主婦になりたいという希望を持つ、つまりは仕事に対する熱意はさほど無い女性達。ですから、アンノン族の時代からニュートラへの色気を残していた時代までは、アンアンも「働く女」色は強く押し出していなかったのです。

しかしニュートラと決別して以降、アンアンは女性にとっての仕事について、真剣に考え出します。一九八一年末からは、「白書『女の職業』」という連載が始まり、スタイリスト、イラストレーター、レポーター、ツアーコンダクター、モデル、ブチック店員（後の「ハウスマヌカン」）、広報（後の「プレス」）……といった職業が紹介され、「働く女は、格好いい」という姿勢に。

ここに登場する職業の多くがファッションやマスコミ関係のカタカナ職業であるところが、アンアンの職業観を示しています。すなわちアンアンは、どんな仕事でもいいから働け、と言っているわけではありません。おしゃれなアンアン読者ならおしゃれな仕事に就くべき……と、読者に一種の自己実現を要求しているのです。

しかしフリーランスのカタカナ職業には、誰もが就くことができるわけではありません。イラストレーターやモデルになるには、特別な才能や資質が必要。……となった時、普通の人にも幅広く門戸を開く職業として「ブチック店員」がありました。

それはちょうど、DCブランドブームが始まろうとしていた頃。たくさんのDCブランドが登場したこの時代、お店におしゃれな店員さんがいるブランドは、よりおしゃれに見えたもの。実際に「単なる売り子さん」以上の資質が、店員さんには求められるようになってきました。そういった背景があって、アンアンは「ブチック店員」を「ハウスマヌカン」と呼び変えることとし、ハウスマヌカンこそが「いまいちばん興奮的職業」なのだとぶちあげたのです。この時の特集では、ニコル、ディ・グレース、ワイズなどのハウスマヌカンがモデルのように登場したり、またハウスマヌカンの部屋や趣味、休日の過ごし方などが紹介されていたりと、有名人のような扱われ方をしています。

また同じ号では、「緊急就職情報」として、

「今、ハウスマヌカンになるために」

という特集が。わざわざ他の仕事を辞めてコム・デ・ギャルソンのハウスマヌカンの空きを待った人や、二度目の挑戦でやっとイッセイミヤケに入れた人等、現役ハウスマヌカンのサクセスストーリーが語られる他、各ブランドの人達にも話を聞き、「人事担当者の嫌うタイプのナンバー1は、〝ネクラ人間〟」といったアドバイスが導きだされているのです。

同号には、「ハウスマヌカン物語」として、ニコルのとあるベテランハウスマヌカンの半生が。それも、タライで産湯をつかっている写真（昭和三十年）から始まってニコルのハウスマヌカンとして活躍するに至るまで、なんと七ページにもわたって、写真つきで「おしゃれ好きの少女が、いかにしてハウスマヌカンになったか」が紹介

されているのです。少し前まで「ブチック店員」だった一般女性がここまで注目されたのは、ひとえに「ハウスマヌカン」という名称のせい。

この名称変更はおおいに当たり、DCブランドブームともあいまって、アンアン誌上にはタレントのような扱いでハウスマヌカンが頻出するようになります。私はその頃高校生だったのですが、学校帰りに渋谷のパルコやラフォーレ原宿に行っても、高校生にとってはハウスマヌカンの存在感が威圧的で、恐ろしさのあまりお目当ての店に入ることができなかったものでしたっけ。そう、あの頃は確かに、洋服を販売する人々が最も輝いていたのです。

好きなことを仕事にする

No.399
1983年10月7日号

アンアンが「ハウスマヌカン」という仕事に、〝突如〟という感じで華々しいスポットライトを当てたのは一九八三年のことでしたが、同年十月の第３９９号では、

「ファッション界で働いてみませんか。」

という大特集が組まれています。

その号の表紙には、

「冗談じゃないよね、女の時代とか言ったって、毎日お茶汲みとコピーじゃないか。でもファッション界では女も頑張っているらしいね。デザイナーばかりでなく、プレスとかハウスマヌカンなんか、服装の専門学校出ていなくたってなれるっていうし……なにしろ女性の能力認めてくれるところで働きたい！　それに好きなこと仕事

にしたいね。」

という、かなり長い、一種の檄文《げきぶん》のようなものが。

この「冗談じゃないよね」とか「好きなこと仕事にしたいね」といった男っぽい言葉遣いに、ふとアンアン創刊時の、ウーマンリブ的な空気を思い出した私。そう、初期アンアンは男女同権を叫んでいたのですが、その後のニュートラブームで「男に好かれる服を着て男に養ってもらった方がラク」という対抗勢力が日本を覆って、ウーマンリブは下火に。ニュートラの人たちは専業主婦志向でしたから、学校を卒業して就職しても、お茶汲みのような補助的な業務が中心でした。

ウーマンリブの揺り戻しがニュートラという形であらわれ、その感覚が八〇年代になっても持続した日本でしたが、世界の情勢は異なっていました。一九七五年は国際婦人年であり、その後に「国連婦人の10年」が続いたということで、フェミニズム思想が広がりを見せます。女性が働くことに対しての意識も高まり、「女の時代」というムードになってきたのです。

日本にも「女の時代」という言葉は入ってきたけれど、しかし実態は伴っていませんでした。働く女性が増えてきたといえど、多くの人は「結婚したら／子供を産んだら仕事はやめる」という感覚。企業の側も、「一生仕事を続ける女性」という存在を想定していません。日本で男女雇用機会均等法が施行されるのはまだ少し先の、一九八六年のことなのですから。

アンアンがハウスマヌカンを推しまくったのは、そんな時代のこと。だからこそ第399号の表紙では、「冗談じゃないよね」とアンアンは怒っているのです。「ファッション界で働いてみませんか」というアンアンからの誘いは、男女雇用機会均等法施行前夜の日本における、精一杯の「男女平等な職場の斡旋《あっせん》」だったのでしょう。ここにきてアンアンはハタと、かつて「男女平等」の旗を振っていた自らの出自を思い出したのです。

ページを開いてみると、

「おしゃれ人間にとっていまいちばんの興味は、どうしたらあこがれのハウスマヌカンになれるのか。プレスはなにをするのか。デザイナーやスタイリストになるには。そしてマネジャーの仕事とは。就職シーズンをまえに、そのチャンスをつかんで活躍しているおしゃれ人間に登場してもらいました」

ということで、それぞれの仕事に就いている女性達が登場。

もちろん、トップを飾るのはハウスマヌカンです。コム・デ・ギャルソンとディグレースのハウスマヌカンさんが、それぞれのブランドの服を着てグラビアを飾っているのであり、ここでもやはりモデルばりの扱いなのです。

思い返せば「スタイリスト」もまた、アンアンによって注目され、花形となった職業でした。そこに「ハウスマヌカン」も仲間入りし、さらには「プレス」という仕事もおしゃれ化。「プレス」とはアイロンをかける係ではなく、広報担当者のことを示します。

こうして始まった、八〇年代のカタカナ職業ブーム。DCブランドのファッションに身を包んだカタカナ職業の人たちはこの頃、夜の西麻布のカフェバーを跋扈《ばっこ》していたのです。

そんな状況を揶揄《やゆ》した「夜霧のハウスマヌカン」という歌が世に出たのは、一九八六年のこと。いとうせいこうさんが作詞をしたこの歌、

「夜霧の〜、ハウスマヌカン」

というフレーズの後に、「刈りあげても」「又毛がはえてくる」とか、「又昼はシャケべんとう」、「私来年三十路ダワ」といった歌詞が続きます。

ちなみに「刈り上げ」という、まさにバリカンで刈り上げる男性のような過激なヘアスタイルもアンアンが焚《た》きつけた、ではなくて流行らせたもので、一九八四年九月の第444号では、「ね、私も刈り上げちゃった」という巻頭特集が。「刈り上げ大好

き!」とか「読者20人が刈り上げました　ほら、かわいくなったでしょ」といった記事が載っています。今を生きる者から見ると、おしゃれかもしれないけれど明らかにモテそうにない、刈り上げ。そんな刈り上げを好んだハウスマヌカンの弱点を、いとうせいこうさんはズバリ見抜いています。

すなわち彼女達は、時代の先端を走るイメージではあるものの経済的には恵まれておらず、ランチは質素にシャケ弁。前衛的ファッションに刈り上げヘアというスタイルの働く女は異性ウケは良くなくて、気がつけば独身のまま三十歳を迎えようとしている……、と。

ちなみに当時の女性の平均初婚年齢は、二十五歳台。「三十路」は、まだ重みがある数字でした。しかし「好きなこと」を仕事にして時代の潮流に乗っていたハウスマヌカン達は、そんなカタカナ職業の危険性に、まだ気づいていません。

おしゃれグランプリ登場！

都会で生まれ育った中年のベテランお嬢様と話していた時、アンアンの話題になったことがあります。彼女は、初期のオリーブに女子高生読者モデルとして登場したこともあったけれど、本当はオリーブファッションが好きではなかったとのこと。それというのも、

「そもそもアンアンのファッションがダサいって思っていたんですよ。地方から出てきたファッション業界とかマスコミ関係とか美容関係とか、そういう業界系の人が『これがおしゃれなんだ』と読むもの、という感じがして。だからオリーブはその若者版というイメージですよね。とにかく何事もやりすぎてる感じがダサかった」

ということなのだそう。

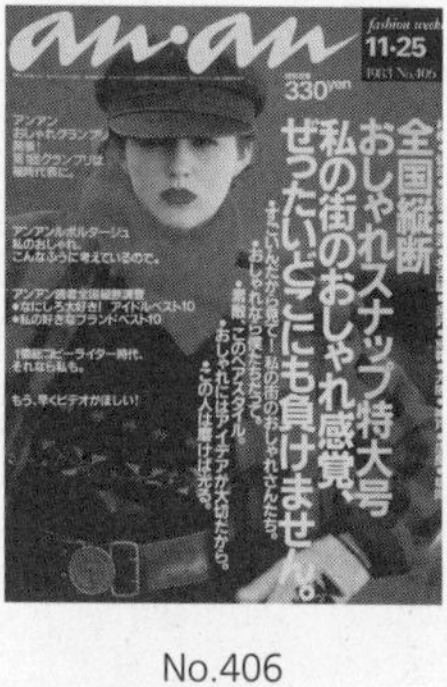

No.406
1983年11月25日号

都会っ子の彼女のセンスには、余裕があります。何事に対しても、がっついていないのです。だからこそ、黒ずくめだったり刈り上げだったりと、ギンギンに頑張っておしゃれしているアンアンっぽい人たちのことを「ダサい」と思っていたのでしょう。

そんな彼女は、八〇年代のアンアンに対して、「地方から出てきて、カタカナ職業に就いているような人が読む雑誌」という感覚を抱いていたようですが、その印象はおそらく正しい。アンアンはファッション誌でしたが、決して「都会派」ではなかったのです。地方から出てきた人、そして地方在住の読者も多かった。

アンアンと地方の親和性を物語ると同時に、アンアンと地方の親和性を形成したとも言える名物企画といえば、「アンアンおしゃれグランプリ」です。これは、札幌から福岡まで、全国十一の都市で街行く人たちを撮影して、だれが最もおしゃれかを審査し、グランプリを決めるという企画。その第一回が行われたのが、一九八三年十一月の、第406号でした。その後、他のファッション誌でもよく見かけるようになった街角おしゃれスナップ企画の、先駆けと言えましょう。

この時の審査員はデザイナーの小暮ヒデコさん、ヘア・メークアップアーチストの杉山佳男さん、当時アンアンのファッション・ディレクターだった貝島はるみさんの三名。それぞれの都市の写真を見ながら審査を進めている様子も、収められています。

札幌は「東京とのおしゃれ時差ゼロ」とか、博多は「おしゃれ感度の高さのわりに、ショップの数が少ないのが淋しい。ファッションリーダーの活躍に期待！」など、各都市の傾向も導き出されて、地方の「おしゃれ人間」（当時のアンアンに頻出する用語）に、夢と希望を与えているのです。

この時グランプリに選ばれたのは、福岡代表の短大生でした。上半身は白いBIGIのシャツにBASSOの赤いセーターと「お父さんのお古」という黒いセーターを重ねています。下半身は、BIGIのスカートとコムサ・デ・モードのスカートを重ねているという、DCブランド＋古着＋重ね着ファッション。

準グランプリは広島代表、二十歳のブチック勤務（なぜかハウスマヌカンとは記されていない）の女性。ボッシュのカーキのスーツにスパークプラグのシャツというアーミールックでまとめた彼女は、ベレー帽をかぶって、フラッパー風の前髪で顔を半分隠していたり、勲章やバッジをつけたりして、キメまくっています。

グランプリと準グランプリは、僅差だったのだそう。しかし広島代表の女性が惜しくも準グランプリとなったポイントは、「頑張りすぎ」というところでした。審査員は彼女に対して、

杉山　すごくいいんだけど、少し頑張りすぎちゃって俗に言う〝ファッション雑誌か

「アンアンおしゃれグランプリ発表！」(No.406) ／1983年にスタートした「おしゃれグランプリ」。全国11都市で行われた名物企画シリーズは、1994年(No.927)まで続いた。

ら抜け出してきた〃みたいなところが、惜しいね。

貝島　うーん、ａｎａｎの弊害ですか、耳が痛いわ、フフフ。

　と言っています。アンアンのファッションの方向性を決定している貝島はるみさんも、アンアンが読者のファッションに関して「もっと頑張れ、やればできる」と扇動していることを自覚しておられる模様なのです。

　八〇年代のアンアンは、とにかく「おしゃれをしろ」と、読者の尻を叩いています。スポーツでも、技術向上のための最も手っ取り早い手段は「他者と競わせる」ことなわけで、読者の競争心に火を点《つ》けるために考えられたのが「おしゃれグランプリ」なのでしょう。

実際、この特集の最初のページに記してあるのは、「私の街のおしゃれ感覚、ぜったいどこにも負けません」という文章。この企画において、おしゃれは「楽しむもの」ではなく「勝負の手段」となっています。アンアンによって煽《あお》られた、この「おしゃれで勝ちたい、認められたい」というがっつき感が、前出の都会のベテランお嬢様をして「やりすぎている感じがダサい」と言わしめるところなのでした。

しかしこの特集は好評だったらしく、以降定期的に開催されることになり、バブル崩壊後の一九九四年まで継続します。のみならず、少女雑誌「オリーブ」でも、「全国版オリーブ少女のおしゃれ競争!」というほぼ同様の企画が、一九八九年からスタートしているのでした。

オリーブは、アンアンがかつて「発見」しながらもスターにすることができなかった「リセエンヌ」の概念を引っさげて人気となった、つまりはアンアンと同じ血を引く妹雑誌。オリーブも、「おしゃれライバルに勝つ!」的な文言が頻出する、闘争心の強い雑誌です。アンアンとオリーブという姉妹のような雑誌は、全国の十代・二十代の女性達をおしゃれ抗争に巻き込んで、そのおしゃれに対する意欲を過剰化させてゆくことになります。

東京で、一人暮らし

アンアンは地方の読者と親和性が高く、その親和性を生み、伸ばしたのが「おしゃれグランプリ」という企画であったと、前章で記しました。

しかしアンアンを好んだのは、地方在住の読者ばかりではありません。地方から東京に出てきた女性達もアンアンを好んでいたのであり、八〇年代のアンアンでは、頻繁に一人暮らし特集が見られるのです。

振り返ればアンアンは、創刊当時から女性達に一人旅を勧めたり、キャリアガイドをしたりと、「女性の自立」を重視していた雑誌でした。アンアンがまだニュートラかリセかと悩んでいた七〇年代半ばにも、「ひとり暮らしの女子大生のためのコレクション」という巻頭特集（一九七五年二月・第116号）があったのです。ニュートラ女子大生雑誌「JJ」は同年に創刊されましたが、ニュートラの人はそもそも、結婚以外で実家を離れる生き物ではありません。ですから初期「JJ」において「ひとり暮らしの女子大生」のための特集はあり得なかったものと思われますが、さすがアンアンは、ニュートラに気を奪われても、魂までは奪われていなかったようです。

その点において、私は『なんとなく、クリスタル』には違和感を持っていました。「なんクリ」主人公の由利は、神戸地区の出身のお嬢様で親は海外駐在、というおしゃれな設定ではあったものの、東京で一人暮らしをしているという状況が、ニュートラ的バックボーンを持つ物語にしては特殊すぎる、と思ったのです。

「ひとり暮らしの女子大生のためのコレクション」特集と同じ七五年には、アンアンで「ひとり暮らしの知恵」という連載も始まっています。こちらは、ちょっとした工夫でひとり暮らしは楽しくなりますよ、というアイデア集。

八〇年代になると、一人暮らし特集はどんどん増えてゆきます。

「東京でひとり暮らしの部屋を探す」

「パリ　おんなひとりぐらしの決算報告」

「親離れのすすめ　ひとり暮らし　きわめて快適です」

「ぜったいひとりで暮らしてみたい！」

等々、一人暮らしはどうやら人気の定番テーマとなった模様。

少し変わった特集としては、

「マンネリ生活脱出！　友達と住んでみる」

というものもありました。シェアハウスという概念はまだ八〇年代にはありませんから、これは「ルームメイトのすすめ」なのです。さらには一人暮らし特集と並行して、インテリア特集も増えてきました。

いずれにしてもアンアンは、読者に「実家を出よ」と促したのです。同時に「仕事をせよ」とも言い続けていたアンアンがどのような女性像を理想としていたかは、よくわかるところ。「夜霧のハウスマヌカン」では、おしゃれにお金を使いすぎてお昼はシャケ弁、というハウスマヌカンライフが歌われていましたが、地方から出てきて働きながら一人暮らしをし、なおかつインテリアもおしゃれにしなくてはならないのですから、切り詰めるのが食費になるのは仕方がなかったのでしょう。

そんな「地方から東京に出てきてがんばって働き、おしゃれも遊びも楽しむ女」像を体現していたのが、林真理子さんでした。林さんといえば、三十年以上もの長きにわたって続いている巻末エッセイでアンアン読者にはお馴染みですが、そもそもは一九八二年に出版されたエッセイ『ルンルンを買っておうちに帰ろう』が大ヒットして時代の寵児となったのであり、アンアンでの連載がスタートしたのは、一九八五年のことでした。

山梨県出身の、林さん。一九八五年六月の第481号では、「近ごろ、都心に住みたがる女たちよ。」という特集で、田中康夫さんと対談をされています。林さんは、かつて「池袋のはずれの三畳ひと間のアパート暮らし」も経験したことがあるけれど、対談時は飯倉住まい。なぜ若い女性達は青山や代官山といった都心に住みたがるのかというテーマについて、

「近ごろ、都心に住みたがる女たちよ。」(No.481)／80年代、東京で暮らす女性のリアルを、林真理子さんと田中康夫さんが分析。

「私も昔、池袋に住んでたとき、六本木にスニーカーでもはいて、手にお財布だけ持ってさあ、犬とか連れたり自転車乗ったりして行くの、憧れたもんね」

「台東区に住んでるとは言いたくないっていう気持ち、あるのね」

と、心情を述べておられます。

また東京で実家住まいの人は好きな場所に住むわけにいかないけれど「私みたいに地方出身者だったら、好きな所を選

べる」と言う一方で、

「でも」、親って、アクセサリーになると思うのよね」

とも。軽井沢を歩くのも、若い男の子と一緒にいるより、親と一緒の方がずっとサマになる。

東京でも青山に住んでいると言っても「どうせワンルーム」と思われるけれど、親と世田谷に住んでいると言えば「一軒家かあ」と思われるのだ……、と。

そして林さんは、なぜ都心に住むかについて、

「地元民になりたいっていう気持ちがいちばんの理由だと思うわ」

とおっしゃっていたのでした。地元のお店の人と仲良くなって「○○さん」ではなく「○○ちゃん、昨日どうしてたの」と呼ばれるのがおしゃれなのだ、と。

これらは、「一人で東京で働く女」の、とても素直な心情吐露なのです。アンアンが持ち上げたハウスマヌカン達は、食費を切り詰めながら都心で暮らしつつ、大きな同意と一抹のほろ苦さとともに林さんの発言を読んでいたに違いないのであり、この後、林さんはアンアン誌上で、さらなる人気を得てゆくこととなります。

「食べる」と「痩せる」

初期アンアンでは、「チビ」と「デブ」という言葉が、よく使用されています。それも、否定的にではなく、やけにポジティブに。

一九七〇年の第16号では、

「チビで、デブで、しあわせです　アンアンはチビデブを支持します」

という特集、と言うよりも「宣言」があったことは、以前もご紹介した通り。

この特集の最初には、小太り気味のモデルの写真とともに、アンアンが「チビデブを支持する理由」が記されています。スタイルの良い美人のことは、皆が大切に扱う。けれど、

「チビデブってのはね！　死にそうにつらい時だって平気な顔して頑張ってんだ。ワ

ハハ・ワハハと笑いながら、心で泣いてんだ。どんなにからかわれても、いじわるされても、なーんにも感じない顔で、ニコニコしてんだ」

と、魂の叫びが。さらには、

「思いやりがあって、相手の気持ちをやさしく考えて、あったかくて、チビデブって最高なんだゾ!! 人間のココロがいちばんわかるんだゾ!!」

……と、半ばキレ気味のチビデブ礼賛。性格の良い美人だって中にはいるだろうよ……と突っ込みたくなりますが、この頃のアンアンでモデルをしていた秋川リサも、チビではないけれど、モデルとしては肉づきの良い体格でした。チビデブ礼賛というのは、「既成概念への反発」という、初期アンアンの思想がよくあらわれた姿勢であったと言えましょう。

その後、初期の過激さが薄れ、アンノン族時代やニュートラ迷走時代になっても、

「ちょっとおデブさんのファッション・カルテ」

「シルエット時代のチビ・デブファッション」

「チビこそおしゃれの上手なり」

など、チビデブ関連の記事は定期的に掲載されていたのです。

今となっては信じられないのですが、七〇年代までのアンアンにおいて、「ダイ

エット」の記事は皆無。もちろん世間で「痩せている女性が素敵」という意識があったからこそのチビデブ礼賛であったわけですが、女性誌の記事としてダイエットを取り上げるという頭が、そもそも存在しなかったようなのです。

アンアンに「痩せる」ことに関する記事が登場するようになったのは、一九八〇年になってからでした。同年四月の第250号では、巻頭に「特集／からだの時代」というページがあって、「肉体コンプレックス解消法」「顔はどの程度やせられるか」といった記事が見られます。この頃から顔痩せ、すなわち服が似合う肉体を追求しているとはさすが、ファッション第一主義のアンアンと言えましょう。

その後も、「大場ケイ子さんの〝やせる〟奮戦日記」「減量合宿報告　1週間でウエストが3センチ細くなった」「ちょっとヤセたい…がなんと6キロ減、大成功！」など、ダイエット記事は散見されるのですが、同時に、チビデブにも、義理は立てていました。「ちょっぴり太っていたって、チビだって、色が黒くたっていいじゃない？私たち『いい気持ちプロポーション』です」（第346号）と言ってみたり、「チビ・デブだってお洒落したい！」（第398号）と言ってみたり。

しかし、一九八三年九月の「チビ・デブだってお洒落したい！」特集以降、アンアン誌上で創刊以来続いた「チビデブ支持」の姿勢は、影をひそめます。以降、現在に

「チビ・デブだってお洒落したい！」(No.398)／小柄とぽっちゃりの読者、それぞれの代表が登場。モデル体型でなくても、苦心しながらセンスは磨かれる。

至るまでダイエットは、アンアンの人気テーマとして存在し続けているのでした。チビデブ主義を貫いてきたアンアンにおいて、なぜ八〇年代になって「痩せたい」という気持ちが高まったのか。これは、時代と無関係ではありますまい。

食うや食わずの戦中・戦後は、人々に「痩せたい」などという気持ちは無かったわけですが、その後の高度経済成長期には、日本人の摂取カロリーも上昇。次第に「除去すべき脂肪」が日本人の身体につくようになります。

六〇年代後半にはミニスカートブームが到来、ツィギーという細身のモデルが世界的に人気となりました。日本では一九七〇年に、「ミコのカロリーBOOK」

という本が登場。流行歌手の弘田三枝子さんが、まだ日本には無かった「カロリー」という概念を紹介し、大ベストセラーとなります。「痩せてる方が素敵」という認識が広まったからこその、アンアンの「チビデブ支持」だったわけです。

そんなアンアンがなぜ八〇年代にチビデブ支持の旗を下ろしたかというと、結婚市場の変化という事情があるのではないかと私は思います。前にも記したように八〇年代は、見合い結婚の割合が極端に減った時代。「恋愛しなくては結婚できない」となったことにより、女性達は男性から選ばれなくてはならないというプレッシャーにさらされます。

「チビデブって最高なんだゾ!!」

といつまでも勇ましく雄叫びをあげていては、取り残されてしまう危険性が出てきたのです。

簡単に太ることができる環境も、整っていきました。八〇年代に到来したのは「グルメブーム」というもの。〝イタメシ〟やエスニック料理が流行ったり、ファストフードやファミレスなど、手軽な外食産業も花盛りとなりました。

アンアンでも、一九八六年六月の第530号では、「全国おいしい店147店」という、初の丸ごと一冊グルメ特集が。「とっておき代官山のフランス料理」から「京都のおばんざい」までが網羅されています。

八〇年代の女性達は、こうして「食べたい。でも、痩せたい」という二つの感覚とともに、生きることになります。「食べる」と「痩せる」の特集を両方とも定期的に行うようになったアンアンを見ると、女性誌と女性の欲望の深さを、感じずにはいられません。

フィットネスブーム到来

結婚市場の変化、太りやすい食環境。……といったものの他にもう一つ、八〇年代のアンアンにおいてダイエット特集が激増した理由があって、それが世界的な「フィットネス・ブーム」です。欧米では七〇年代後半から、「身体を動かし、健康的に痩せる」ということに注目が集まりました。エアロビクスやジョギングなどが流行っているのだ、というニュースが日本にも届くようになり、アンアンでも、

「わたしたちフィットネス人間です」

「秋のフィットネス・ジャーナル」

「フィットネス自己診断表」

といった特集が見られるようになったのです。

No.529
1986年5月30日号

八〇年代はじめには、女優のジェーン・フォンダが「ワークアウト」というフィットネスビデオを発売したり、また歌手のオリビア・ニュートン・ジョンが「フィジカル」という歌を出して大ヒットしたり。ミュージックビデオでは、オリビア・ニュートン・ジョンが、がらりとイメージチェンジをして、当時流行していた超ハイレグのレオタード姿を披露していました。海外セレブ（当時はまだ「セレブ」という言葉は日本で使用されていなかったが）達のその手の姿を見ることによって、日本人の「痩せたい欲求」も、刺激されるように。それはいわば、外圧によるダイエット、流行としてのダイエットでもあったのです。

とはいえELLE日本版という出自であるアンアンとしては、アメリカ生まれのフィットネス・ブームとはいえ、アメリカ色を強く打ち出すことには抵抗があったようです。一九八一年八月の第297号から、アンアンの週刊化と時を同じくして、フランスの「VITAL」というフィットネス・マガジンと提携したページが登場するようになりました。

「『ヴィタル』とは、生命、活動力という意味のフランス語」なのだそう。そして「この雑誌は、不節制や肥満からくる病気、不快感、コンプレックスから私達を解放し、より自由に、のびのびと生きるためのガイド」らしい。

「今、世界中でフィットネスが大ブーム。ここ数年来、燃え上がる一方のフィットネス・フィーバーとともに、シェイプアップ、スポーツ、アウト・ドア・ライフなどが、かつてないほど、クローズ・アップされています。身体を自然の一部と考え、よりナチュラルにしなやかに、みずみずしくはぐくみ、ヘルシーな生活を楽しもう、という姿勢は現代を生きる私達に、欠かせません」

ということからの、「VITAL」との提携となった模様です。

「筋肉をつけることが、女性の心身のハーモニーにつながっていく……」

「さわやかな健康食品、ヨーグルトで楽しいヘルシー・メニューを」

といったページは、それまでファッション一辺倒だったアンアン読者には新鮮に映ったことでしょう。それからしばらく、「VITAL」との提携は続いたようです。

世界的に肥満が深刻化してきたからこその、フィットネス・ブーム。しかし日本では、「痩せたい」という願望を持つ人は多くても、「VITAL」が提唱するような「身体を自然の一部と考え、よりナチュラルにしなやかに」といった考えを受け入れるには、まだ時期尚早だったようです。

八〇年代の日本はまだ、「ナチュラル」の時代ではありませんでした。「ナチュラルメイク」という概念が登場するのもバブル崩壊後ということで、この時代はまだ「人工的に自らを飾り立てる」のが楽しかった時代。そのせいか、しばらく続いた「VITAL」のページは、次第に目にしなくなるようになりました。

しかし、アンアンでのダイエット特集は依然、続きます。「痩せる」とともに「きれいになる」という概念も登場し、一九八四年六月の第432号では、「エステティック特集　体ごときれいになりたい。」というページが。ハーブ、ミネラルウォーター、ビタミン、痩せる石鹸……と、身体の内から外からきれいになろうという、この頃から見えるようになった姿勢は、現在に至るまで続いているのです。

そんな中でアンアンは、やはりあの方に注目することになります。「あの方」とは他でもありません、林真理子さん。一九八六年五月の第529号では、「夏までに、あと5週間、林真理子さんと一緒に5キロやせる。」

という文が表紙に。

この記事によると林さんは、二年前にダイエットに挑戦して、二十キロの減量に成功したのだそう。しかし、「スリムになっても依然、デブといわれ続けた」「断れない外食の誘いがたび重なった」「いただきもののお菓子を捨てることはできないタイプ」「仕事に追われ、深夜まで起きている」「恋人と別れたので、見せる張り合いがなくなった」という五つの理由からリバウンド。この度また、ダイエットに挑戦するという宣言がなされています。

ダイエットへの挑戦と成功とリバウンド、そしてまたダイエット挑戦。……気がつけば私達は三十年以上、アンアン巻末の林さんのエッセイにおいて、この循環を読み続けてきたのであり、読む度に「林さんだって痩せたのだし」「林さんだってリバウンドしたのだし」と、安心感を得ていたのではないか。そして林さんが新たなダイエットに挑戦すると知れば、「私も頑張ろう！」と思ったのではないか。

そう、林真理子さんこそがアンアンダイエット界における、最大のスター。林さんが拓《ひら》いて下さった道を歩む読者は、今も絶えることはありません。

おしゃれとケチの両立

世に数多ある女性誌は、「消費型雑誌」と「節約型雑誌」とに、ざっくり二分することができます。消費型雑誌の方には、五桁の金額、すなわち数万円の洋服などが出ている方が珍しく、服ならたいていは六桁の金額。ジュエリーや時計に至っては七桁、時には八桁の金額の商品まで掲載されています。そして掲載されると、その商品がまた売れたりするというではありませんか。

アンアンは、その手の雑誌ではありません。創刊当時、まだ日本では売られていなかった「ルイ・ブイトン」をいち早く紹介したものの、それはブランドブームがやってくるうんと前。基本的には「あまりお金をかけずに、おしゃれを楽しむ」という姿勢を、今に至るまで貫いているのです。

No.283
1981年4月1日号

その根本にあるものは、リセエンヌの思想です。アンアン誌上でリセエンヌという存在が初めて大々的にクローズアップされたのは一九七四年九月の第106号の「秋のキャンパス・ファッション　リセとアイビー」特集において。そこでは「Lycéeの女の子がおしゃれが上手な理由」という見開き二ページにわたる文章が記されています。五月革命の前のフランスの若者達がいかに抑圧されていたか、そして、「1枚しか買ってもらえないコートを、幾通りにも着こなして、ELLEやVOGUEのマネを試みる。小遣いで買える範囲の靴下やマフラーにうんと凝る」というのがリセなのだ、とあります。フランスはアメリカよりも服の値段が高いので、

「日本では考えられないほど彼女たちはおしゃれ費の捻出に苦労する」

とのこと。さらには未成年者に与えられるお小遣いの金額も少なく、

「自由に服を買うなどとんでもない」

のであり、そんな不自由さこそがリセエンヌのセンスを生み出している、のだそう。

やがてアンアン誌上では「リセ vs ニュートラ」の戦いも勃発しました。その時、ニュートラ側に舵を切っていたら、今頃はアンアンにも数百万円のジュエリーが載っていたのかもしれませんが、アンアンはニュートラとは決別。とはいえ「リセエン

のですが、「リセエンヌ的な経済感覚」は、アンアンの中に残りました。ヌ」という存在もさほど根付かなかったので、リセエンヌの勝利ともいかなかったの

そんなアンアンで節約傾向の強い記事が目立ってきたのは、ニュートラと決別した後、八〇年代からです。一九八一年四月の第283号では、

「ケチ精神がおしゃれを磨く！」

という特集が。「在日フランス人が東西のおしゃれ感覚を徹底比較」したのだそうで、

「日本人のおしゃれは贅沢すぎる！」

と、フランス人は言っています。お金が無くてケチるのでない、フランス人がケチだからケチらなくては、という「外圧によるケチ」、「おしゃれとしてのケチ」が、ここにはある。

「チープ・シック」という言葉も、流行っていました。アメリカで一九七五年に出た本「チープ・シック」は、日本でもその二年後に刊行されます。何にでもお金をかければよいというものではない。安く済ませられるものは安く、お金をかけるべきところにはかけて自分なりのファッションと生き方のスタイルをつくろう……といったこの本は、世界的にヒット。アンアンでも、「ベーシック・アイテムはチープ・シック

精神で探す」といった特集が見られます。

リセに学ぶフランス式ケチ、チープ・シックからくるアメリカ式ケチのみならず、「大阪式セーブ・マネー」といった特集も組んだ、アンアン。様々なケチの名所から学びつつ、安上がりに日々を楽しもうという姿勢が、そこにはあります。

週刊化後は、節約型の特集がさらに頻繁に見られるようになりました。バーゲンの季節になると、情報満載のバーゲン特集が、定期的に登場するように。バーゲン期以外も、安いものへの日配りは忘れません。

背景にあるのは、リセやチープ・シックの影響だけではないのでしょう。アンアンは一人暮らしを推奨する雑誌であるわけで、となると当然、読者は経済的な苦労も多い。「ひとり暮らしも郊外型にすれば2DKも5万円ぐらいで可能」といった特集はすれど、やはり実家住まいの人と比べると、使うことができるお金は限られます。

その上、アンアンが強力にプッシュするのは、ハウスマヌカンをはじめとしたファッション業界での仕事。若者が就くことができるその手の仕事は、お給料がさほど高くはありませんでした。「ハウスマヌカン」という呼称が登場する直前、「白書女の職業」という連載ページで取り上げられている職業「ブチック店員」の見出しは、「給料安い　でも、服が好きだから……」

というもの。そのような経済状況にある読者が待っているからこそ、アンアンは安いものが中心のページ作りをする必要がありました。

とはいえあくまでアンアンは主婦雑誌でなくファッション誌ですから、「なりふりかまわぬケチ」ではなく、「ケチだけれど、おしゃれ」を目指さなくてはなりませんし、ファッションには夢も必要。「基本になる服にすべてのお金をつぎこんだらあとは安物、ありあわせで洒落っ気を出すために」とか、「贅沢をひとつだけ　自分のためにプレゼント」といった、「一点豪華主義」特集や、「自分へのご褒美」特集も、時には交える。経済的には厳しい状況でも、読者のおしゃれに対するモチベーションを途切れさせないようにするのも、アンアンの重要な役割だったのです。

「雑貨屋さん」に憧れて

今、広い意味でのファッション用語のように使用されている、「雑貨」という言葉。私達が「雑貨」と言う時、頭に浮かぶのは決してスーパーの日用品売り場にある物ではありません。おしゃれだったりシンプルだったり素朴だったりと、何らかの「生活を彩るポイント」を持つ物こそが、「雑貨」なのです。

しかし昔の日本で、雑貨は「彩り」云々の前に、「実用」のために存在していました。金物屋、小間物屋といった店で扱われていたタワシや荒縄など、鑑賞するためでなく、人間の手によって使用される物が、雑貨だったのです。

タワシや荒縄には「用の美」というものが宿っていたわけですが、高度経済成長期ともなると、タワシはスポンジとなり、荒縄はポリプロピレンの紐に。雑貨の世界は安価に大量生産できる石油製品ばかりとなりました。その時、考慮に入っていなかったのはデザイン性です。家事用品には、「主婦向けってことで」と安易な花柄が入れられたり、毒々しい色が使用されたりと、もはや「用の美」は消え、デザイン的美も無いという状況に。このように「安い物はダサい」という状況に対する不満が溜まった時に起きたのが、「おしゃれな雑貨」を求める機運でした。

ファッション寄りの言語として「雑貨」を使用したのは、一九七四年に渋谷に開店した「文化屋雑貨店」(二〇一五年に閉店)がその先駆けと思われ、アンアンにもこのお店は頻繁に登場します。そしてアンアンが一人暮らしを推奨するようになれば、実家では母親に握られていた雑貨の選択権が、娘のものに。かくして八〇年代以降、雑貨の特集が目立つようになってくるのです。

それぞれの世界にスターを作り出すのが上手なアンアンは、雑貨の世界にも吉本由美さんというスターを見出しました。吉本さんの肩書きは「インテリア・スタイリスト」。一九八三年十月の第399号は「ファッション界で働いてみませんか?」という大きな特集なのですが、その中にも、

「趣味の雑貨集めが仕事になって　吉本由美」

というページがあります。「雑貨スタイリストといったら、やっぱり吉本由美さんしかいない」という書き出しを読んでもわかるように、吉本さんは日本雑貨界の泰斗《たいと》であり先駆者でした。まだ雑貨スタイリストという仕事が存在していなかった七〇年代半ばに、アンアンでの〝雑貨集め〟のアルバイトからそのキャリアはスタートしたのだそう。そして「ただの女の子として、カワイイものにとびついていた」ら、いつの間にか雑貨を得意とするスタイリストに……。

タワシや荒縄が「雑貨」だった頃、雑貨に「カワイイ」を求める気持ちは無かったことでしょう。しかしその後女性達は、服飾品のみならず、日々の生活に存在するあらゆる物に、カワイさを要求するようになりました。今やあちこちにある雑貨屋さんで、女性達が「これカワイー」とおしゃれな雑貨を求めていますが、その下地はこの頃から既にできていたのです。

とはいえこの頃は現在と違い、素敵な雑貨はそう安易には手に入りませんでした。家の近所でも買うことができるような物には、前述のように安易な花柄や毒々しい色が使用されていました。対して吉本由美さんが選ぶような「シンプルで洗練された物」は輸入品だったりして、とても高価。一九八〇年に販売開始された無印良品が、色や柄やブランド名がついていないシンプルなデザインであったのも、まだ低レベル

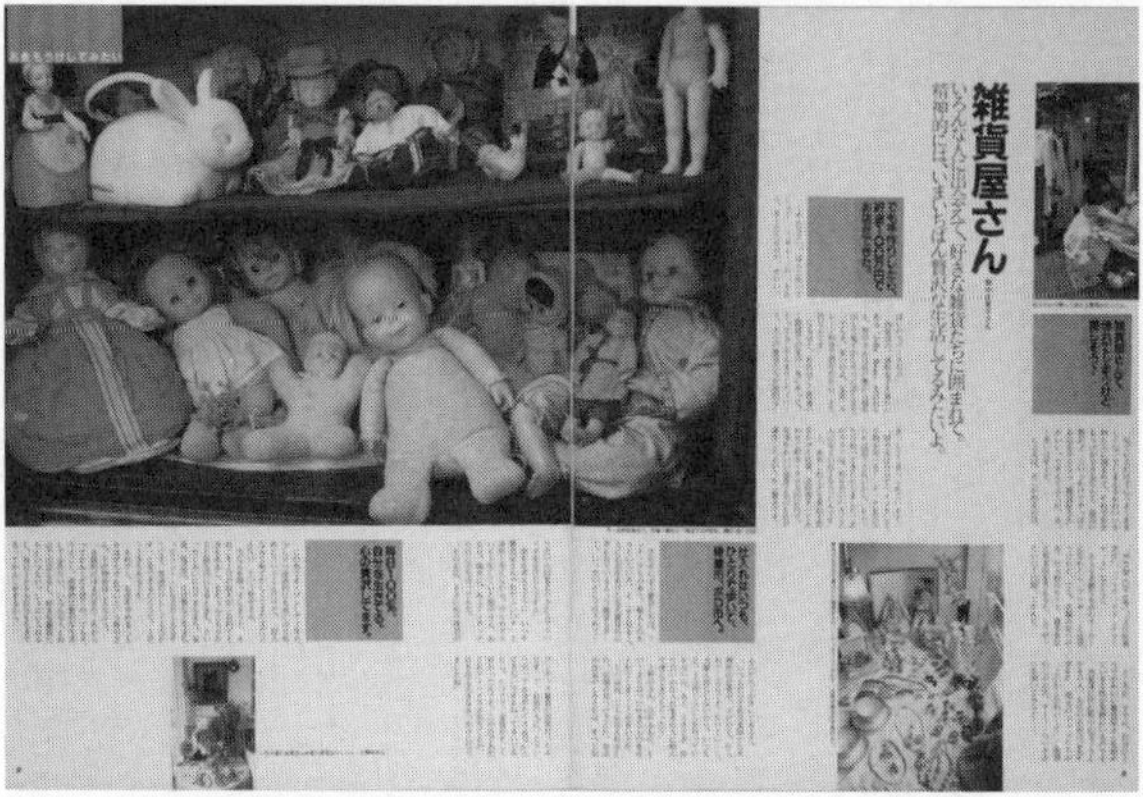

「気に入った仕事でお金もうけしてみたい。」(No.426)／雑貨がお洒落なものになり、〝雑貨屋さん〟〝雑貨スタイリスト〟に憧れる女性たちが急増。

なデザインの物ばかりだった日本の雑貨をどうにかしたい、という意志があったからと思われます。

八〇年代のアンアンでは、素敵な雑貨を買うことができるお店の紹介もしばしば行っています。広尾の「F.O.B COOP」、代官山の「シャビー・ジェンティール」等は、意味のわからない店名がパリっぽいムードで素敵。生活用品を扱うこの手の雑貨屋さんは、海外で買い付けをする行動力とセンスを持つ女性オーナーの存在感ごと、憧れられていました。

そんな記事に煽られ、「雑貨屋さんになりたい」という人も少なくありませんでした。一九八四年四月の第４２６号は

「気に入った仕事でお金もうけしてみたい。」という特集なのですが、そこに紹介される職業の一つが「雑貨屋さん」。「やっぱりお店をやるなら〝雑貨屋さん〟がいいって考えてる人が、きっと多いはず」と書かれるほど、「雑貨店オーナー」は人気職種だったのであり、憧れの「F.O.B CO-OP」や「文化屋雑貨店」「ハリウッドランチマーケット」みたいなお店はとても無理だけれど、西荻に一人でお店をオープンさせた女性がいます！……と、あるお店が紹介されているのでした。

そのお店をオープンさせた女性は、「誰もが考えるように『いつか雑貨屋さんやれたらいいナ』と漠然と考えながら、OLやアルバイトをしていた」のだそう。そんな時、ある「アンチックの店」に入ると、ピンとくるものがあって自分のお店を開くことに……とのこと。

「雑貨屋さんを開く」とか「雑貨スタイリストになる」など、雑貨にまつわる仕事に就く女性達は、「センスのいいものに囲まれて過ごしたい」というアンアン読者の夢を体現する人達。それは子供の頃、結婚式の引出物とか何かの景品といった、意に沿わない雑貨に囲まれて過ごさざるを得なかった少女達の復讐でもありました。今やその手の人達は、「雑貨」を通り越して「物を持たない」とか「道具が欲しい」みたいな方に突き抜けていますが、「素敵な雑貨に囲まれたい」という感覚は、八〇年代という時代が生じさせた、切実な欲求だったのです。

揺れる結婚観

若い女性向けの雑誌と、結婚というトピックは、切っても切れない関係です。が、アンアンの歴史においては、七〇年代後半以降、結婚についてほとんど触れられない一時期がありました。結婚関連の特集が見られるようになるのは、八〇年代前半から。

なぜ結婚について触れない一時期があったのか。そのことを考えるには、アンアン創刊時を振り返る必要があります。以前も記したように、創刊から数年間のアンアンは、読者ターゲットを特に定めていませんでした。ざっくりと「若い女性」くらいの設定だったようで、女子高生に関する記事があれば子連れママのファッション記事もあるという雑居ぶりだったのです。

読者が独身なのか既婚なのかも、ほとんど念頭に無かったようです。アンアンの初

No.86
1973年11月5日号

代専属モデルである立川ユリさんは、既婚者。創刊当時からエッセイを連載していた大橋歩さんも既婚者で、結婚当初を振り返った記述もあります。

それによると大橋歩さんは、結婚前から同棲生活を始めていたのだそう。

「結婚もしないでふたりで生活することはいけないことかもしれません。本当はそんな世間の目をとても気にはしていたけれど、それよりは、なによりふたりっきりで毎日毎晩くっついていたかったのね」

と記されており、同棲は当時、かなり大胆な行為だったようです。既成の考え方にとらわれないという方針がアンアンには存在していたからこその、大橋さんのエッセイだったのでしょう。

大橋さんの事例のみならず、創刊当初のアンアンに紹介される「結婚」は、自由なものばかりです。「ファミリー・ヌード」のページでカップルでヌードを披露していた、「フォーク・シンガーの加藤和彦クン」と「ミカクン」(酒井注：サディスティック・ミカ・バンドのボーカル)は、ヌードになった少し後に結婚。アンアン第12号(一九七〇年九月)にも「カナダのどこかで　加藤和彦クン永遠の愛を誓う」というグラビアが載っていました。

「式場も、日どりもきめないで、2人が、気にいった場所で結婚式をしようというフリーな精神」に基づき、「そのフリーな場所を静かなトロントのどこかのちいさな教会に見つけだした2人」。「和彦クンは、いつものように白いズックの運動靴に、白いスーツ。きれいなハナヨメのミカクンは、白い長いブーツに、ちょっとクラシックなカンジのウエディング・ドレス」だったのであり、「ジョン・レノンとオノ・ヨーコみたいに結婚した2人」「ピース、ラブ、ミュージック。新しい若者たちの、新しいフリーなムスびつき……」と、二人のおしゃれな写真とともに記されています。

ラブ&ピースな時代において、二人の結婚はおしゃれで前衛的なものとして、読者の目に映ったことと思います。以前も記しましたが、「読者のお見合い写真でーす」というページに読者のヌードが掲載されたりするくらいですから、アンアンは結婚に対しても、自由な姿勢を持っていたのです。

とはいえ、日どりも場所も決めないで結婚するとか、お見合い写真が全裸だとか、そんなにフリーな人達ばかりが日本にいたわけではありません。日本の若い女性のほとんどは、ごく普通に結婚していました。広告ページを見れば、「サンケイ会館結婚式場」の広告には振袖姿のお嬢さんの写真があって、「お見合いの時から決めてました の……」というコピーが。

「加藤和彦クン」のような人がいる一方で、お見合いの時からサンケイ会館で結婚式

を挙げようと「決めてましたの……」と言うような人もいるのが、一九七〇年。その三年後には、

「リサの　ファッショナブルなお嫁入り仕度　結婚するんですって？」

という記事が載っています。アンアンのモデルだった秋川リサさんが、カメラマンの立木三朗さんと結婚するということで、おしゃれなカップルの様子が巻頭特集になっているのです。

その号はまるごと結婚色に溢れているのですが、当時の一般の人々の結婚感覚がわかるのは「宮崎ハネムーン物語」という記事であり、「この秋の流行は海外ハネムーンですって。でも王座はいぜん宮崎だけど」とのこと。「夜、ホテルに励ましの電話をかけてくる悪友なんかも多い」のだそうで、「『おい、お前大丈夫か、しっかりしろよ！』なんて言われて急に萎縮しちゃう新郎もいるのです（特にお見合いで、童貞と処女の場合など）」という微笑ましい話も。

当時の日本は第二次婚姻ブームと言われる状況でした。秋川リサさんが結婚する前年の一九七二年は、年間約一一〇万組が結婚するという、史上最高の婚姻数。その後、日本ではどんどん婚姻数は減り続け、二〇一四年は約六五万組しかなかったことを考えると、第二次婚姻ブームのすさまじさがわかるでしょう。

この頃、「人は普通、結婚するもの」でした。適齢期というものも決まっていたのであり、アンアンでも「20歳＋4＝適齢期」というエッセイが連載されたりしていたのです。

結婚する人が多いあまり、結婚式場はまるでシステマティックな工場のよう。式が終わったら宮崎へ新婚旅行というパターンも決まっていた。……からこそ、その手の結婚に反発する「加藤和彦クン」のような人もいたのでしょう。いずれにしても「結婚しない」という道に進む人はほとんどいなかったのがアンアン創刊当時の日本だったのですが、この後少しずつ、若い女性は変化をしていくことになるのでした。

「実は結婚したいのです」

型破りな結婚スタイルが賞賛された、初期アンアン。その頃は、日本全体が結婚ブームと言ってよい状況だったからこそ、定型外の結婚をアンアンは推奨したものと思われます。

その後、アンアンは一九七三年頃からのアンノン族時代を経て、「ニュートラ vs リセ」のファッション迷走時代へ。この二つの時代は、アンアンから結婚に関する記事が姿を消します。

アンノン族時代は、旅に忙しくて結婚どころではなかったのか。迷走時代は、ファッションに夢中すぎたのか。……いずれにしてもこの頃、すなわち七〇年代の半ばから後半にかけての若い女性達は、「どうせ結婚するのだから、その前に自由な独身時代を謳歌しよう」という気持ちを強く持っていたのです。

アンアン創刊の一九七〇年頃までは、日本女性の平均初婚年齢は、二十四歳台をうろうろしていました。「二十五を過ぎたら売り物にならない」というクリスマスケーキ理論は、この辺りから来ています。

しかし七〇年代の後半以降、女性の（もちろん、男性もですが）平均初婚年齢はどんどん上昇し、今となっては二十九歳台に。クリスマスケーキ理論はどこへやら、生涯未婚率も順調に上昇して、「人は皆、結婚するとは限らない」となりました。

七〇年代後半は、結婚に対する意識と、結婚をとりまく環境が大きく変わったターニングポイントでした。前にも記しましたが、戦前は七割以上を占めていた見合い結婚が次第に減少し、恋愛結婚との割合が逆転したのが、六〇年代末。七〇年代に入ると見合い結婚率は三割程度まで激減するのです。「恋愛の楽しさ」を享受できる時代がスタートしたと言うことができますが、同時にそれは「自分の力で結婚相手を見つけなくてはならない時代」のスタートでもありました。

とはいえ当時の若い女性達は、そのようなことを意識して生活していたわけではありません。二十五歳までに結婚しない人が「嫁《い》き遅れ」「ハイミス」などと言われることも少なくなり、自分がしたい仕事をするという選択肢も出てきました。さらには、旅行におしゃれ、フィットネスに恋愛……と、独身生活を彩る様々なお楽しみも、次々と登場したのです。

アンアンはそんな中で、「非ニュートラ」方向へと舵を切りました。デザイナーズブランドの黒い服に刈り上げヘアといったスタイルは「カラス族」と言われ、ハウスマヌカンやスタイリストといった、ファッション寄りの仕事を読者に猛然とプッシュ。それはニュートラ系のモテ路線と比べると、明らかに非モテ路線でした。八〇年代になってからのアンアンは、「モテるため、結婚したいがために男にすり寄るなんてことはしたくない」という姿勢だったのです。

が、しかし。一九八三年十一月の第404号には、印象的な特集が載っています。他のページには、「『フラッシュダンス』を観てからスニーカーが気になって」「寒くなったって着る、マリンルック」「もうシャツは男物で」などと相変わらずファッション命の特集がある中に忽然《こつぜん》と、「女の本音」として、

「つっぱってきたけれど実は結婚したいのです。」

という記事が。そこには、

「自立した女、キャリア・ウーマン、エトセトラ。いろいろと女の生き方には言われています。だけど、もうそんなにつっぱらなくていい。そんな女達だって、フカ〜イ

本音のところでは〝結婚〟を絶対にしたがっているのです。そして、みんなが幸福な結婚生活を夢見ている」

という文章がありました。

女性が次第に世に出てきた、この頃。男女雇用機会均等法はまだ施行されていませんでしたが、結婚するまでの腰かけ就職でなく、働くことに生きがいを見出す女性が増加します。前出の「キャリア・ウーマン」「自立した女」のみならず、「とんでる女」「女の時代」といった言葉も、目立つようになったのです。

そんな時代にアンアンはふと、立ち止まってみました。結婚よりも自立やキャリアを求めてきたけれど、本当にそれでいいのか。……と自身に問うてみると、「一生、一人でもいい」との覚悟があるわけでもない。だからこそ、

「つっぱってきたけれど、実は結婚したいのです」

という「女の本音」が出てきたのではないか。

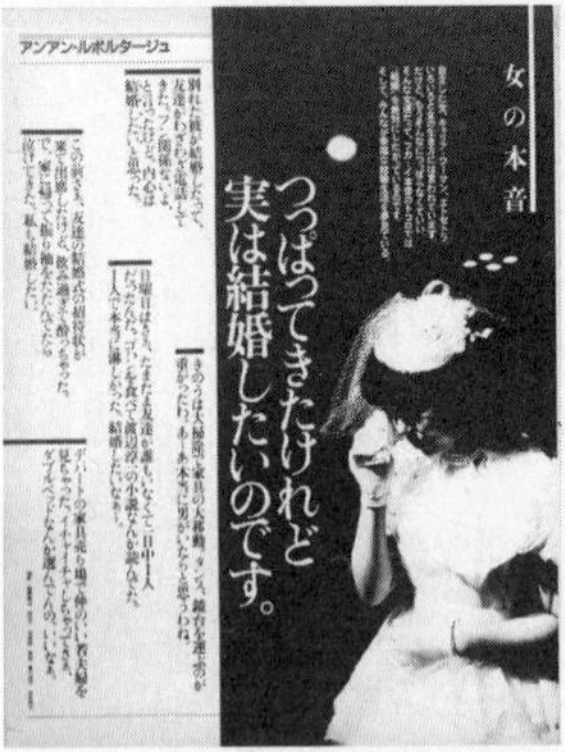
アンアン・ルポルタージュ
女の本音
つっぱってきたけれど
実は結婚したいのです。

「つっぱってきたけれど実は結婚したいのです。」(No.404)／林真理子さんをはじめ、4人の結婚志願者が登場。

アンアンのこの特集では、独身女性達が自身の結婚に対する意識を述べているのですが、ここでも一番に登場しているのは、独身時代の林真理子さん。

「『30歳まであと5か月。なんとか20代のうちに結婚したいのよ。誰かいい人いないかしら？』

と切実に結婚を望む林さん」

とあって、

「結婚式は霊南坂教会、新婚初夜は、きっと結婚式前にやってるから別に感激もしない……」

とも語っておられます。夢中になって働いていたら三十路目前、という林さんに共感する読者も多かったことでしょう。さらに私は、林さんと同じページに登場していた二十八歳の独身読者の声に、この時代の代表的な「独身感覚」を見るような気がしているのですが……、以下次章。

独身女性、〝ひけめ〟の個人差

一九八三年十一月、急に、

「つっぱってきたけれど実は結婚したいのです。」

と言いだした、アンアン。その号において、あと五ヶ月で三十歳になる林真理子さんが「三十歳になるまでに結婚したい」とおっしゃっている同じページで、二十八歳の無職の女性・Hさん（仮名）が述べているコメントが、印象に残りました。

写真を見ると、この時代の二十八歳は、今の二十八歳よりもぐっと落ち着いた印象です。今時の二十八歳はまだまだ若者というカテゴリーに片足を、否、両足を突っ込んでいるように見える人もいますが、Hさんは大人のムード。そして、

「ほんとはね、28歳で結婚するのが私の理想だったはずなのにね」

No.470
1985年3月15日号

とおっしゃる。そして、

「私、時期がくればだれでも自然にできるものだと思ってたの。単なる夢としてでなく、絶対できるものだってほとんど確信してたみたい。でも、実際はそうじゃないのね」

と続きます。

彼女の言葉こそ、この時代から急増した晩婚女性達の真実の声ではないかと私は思っております。自分より上の世代は皆、何となく二十五歳くらいまでには結婚していた。当然自分も……と思って生きてきたら、ふと気がつけば二十八歳になっていて、結婚する気配無し。

彼女は、親や先輩の頃とは時代が違っていることに、気がついていません。家族や親戚や職場の人が、未婚者のことを心配してお見合い話を持ってきてくれる時代は、もう終わりました。八〇年代以降は、個人の自由が尊重され、独身者が身近にいても、その生き方に介入する人は激減していったのです。

Hさんは、結婚は自己責任でする時代になったことに気づかないままに、二十八歳になりました。その後もHさんのように、「時期がくればだれでも自然に結婚できるもの」と思いつつ独身時代を漫然と過ごす女性が大量発生。ちなみに私もその一人であったわけですが、世紀が変わって二〇〇〇年代になって、晩婚化も少子化も行きつくところまで行ってやっと、「結婚はどうやら、自分で必死に頑張らないとできないもののようだ」と、日本女性は覚醒したのであり、そこまで約二十年の時を要したのです。

「つっぱってきたけれど実は結婚したいのです。」特集で、アンアンは結婚するための具体策を提示しています。結婚情報サービスの先駆け的な会社や、クラシックなタイプの結婚相談所など、つまりは血縁や地縁、社縁、さらにはモテに頼らずとも結婚できるシステムを紹介しているのです。

しかしこの頃の読者は、そのような記事を読んでも、「そこまで困ってないし」とか、「ま、もう少ししたら自然な出会いがあって結婚するでしょう」と、考えていました。そしてその感覚が二十年も続いた、ということになる。

「実は結婚したいのです」と吐露したアンアンですが、しかしその後、結婚向きの雑誌へと変わった気配は感じられません。一九八五年三月の第470号では、一冊まるごと、

「幸せになりたい　おしゃれだって、もう大人だもん。だからちょっと結婚、考えちゃう。」

というテーマ。巻頭ファッションページには、

「新しい服買ったとき、最初に見せたい人は誰？　いちばんほめてほしいのは誰？　そりゃ決まってるわよね、大好きな彼って。結婚なんて言葉もちょっと気になるこの頃だから、おしゃれも変えたい、ほんの少しね。流行めいっぱいの過激な服はもう卒業したつもり。」

といったコピーが添えてあるので、「おお、アンアンもとうとう男ウケを意識するようになったのか。いったいどんなモテファッションが展開するのか？」……と思いきや、モデルからしてツンツンのショートヘアで、モテ感ゼロ。スカートをはいてはいるけれど、露出度は低く、はおっているジャケットは男物風デザインであったりと、「どこが結婚を意識したファッションなのだ」と言いたくなります。結婚を意識して「おしゃれも変えたい、ほんの少しね」ということですが、本当に「ほんの少し」しか変えておらず、「この程度の変化で結婚できると思ったら大間違いだ」と、今を生きる私からすれば片腹痛いような、イラつくような。

同号には、「結婚しない女」というページもありました。結婚していないおしゃれ有名女性達の弁が集められていたのですが、

「私、いい男と結婚してやるの！　女30歳でも、こんな男と結婚できるってこと、み

せてあげる。働く女性の輝く星となってみせるからね！」

と、結婚に対する積極的な態度を表明しているのは、林真理子さん（30歳）だけ。他の方々は、「未だに独身、というひけめはない。結婚だけが人生じゃないし、以前よりまわりにいい男が増えている」（30歳・デザイナー）、「結婚を人生の最終目的にしたくない」（27歳・モデル）、「結婚した友達を見るたびに、ひとりの自由と気楽さに感謝！」（32歳・ハウスマヌカン）など、現状を肯定する意見ばかり。独身読者の焦燥感をかきたてることなく、「このままでいいのだ」と思わせるつくりです。

「実は結婚したいのです」と、一度は正直な心情を見せたアンアンですが、おそらくはその後、アンアンのファッション傾向と結婚はどうしても結びつきづらい、ということに気づいたのでしょう。結婚を巡っての迷走は、さらに続くことになります。

結婚より夜遊び

No.548
1986年10月17日号

結婚に関しては迷走気味のアンアンは、八〇年代中盤にもなると、次第に開き直るようになってきました。たとえば一九八五年十月の第499号では、

「みんな、なぜそんなに結婚したがるの？　仕事があって、友だちがいて、独身を楽しんでいる女たち」

という、ヤケクソ気味の特集が。

ページを開いてみますと、

「女って、年頃を過ぎても、『2〜3年先には結婚したい』っていう願望を持っているという。でも、22歳〜23歳で結婚しちゃうなんてもったいない気もするし、30歳に近くなってもあせる必要もないみたい。独身を楽しんでいる女性って魅力的だものね」

と、書いてありました。が、「あせる必要もない」とする根拠はありませんし、「独身を楽しむ女性って魅力的」とあっても、その魅力は男性にとっての魅力ではないことは、記されていない。

ここに紹介されているのは、いずれも二十代後半の三人の女性です。「PRマネジメント」という職業に就く二十七歳のAさんは、帰国子女。「ステディな関係の彼もいるけど、今は仕事第一。結婚する気はない」とのこと。仕事の他にボランティア活動等にも精を出し、週末はスカッシュ……というキャリアウーマン。

DCブランドの「プレス兼ローブ担当」のBさんは、北海道出身の二十九歳。「ハッと気がついたら29歳。結婚についてじっくり考える時間もなかった……」ということで、南青山のワンルームに一人暮らしをし、貯金はゼロ。最近は「〝中の上〟の生活力のある人となら結婚してもいいと考えるようになってきた」そう。

Cさんは二十九歳で、「電通アイ　プランナー」。小学校からの聖心育ちで「今まで独身でいたことに悔いなし。でも高齢出産のことを考えると……」と言います。この頃はまだ、三十歳以上の出産は高齢出産として〝マル高〟のハンコを母子手帳に捺《お》されたのです。が、Cさんは「『どうにかしなきゃねえ』と口ではいっても、本気でそ

う は考えていないんです。だって毎日楽しいから」とのこと。

バリキャリ系、地方出身ファッション系、お嬢様系と、それぞれタイプの違う三人。

「仕事や遊びが楽しくて、結婚どころではない」というところは共通しています。彼女達の楽しそうな生活をクローズアップすることによって、アンアンは独身読者に対して「そのままで大丈夫」と言っているかのようです。

この頃、日本では独身女性が増える土壌が整いつつありました。八〇年代後半からのバブルの時代へ向け、日本全体の景気が上向きになってきており、〝生きるための結婚〟をしなくてもよい時代に。また翌一九八六年の男女雇用機会均等法の施行を控え、女性が社会進出をするための環境も整ってきたのです。たまたまAさんBさんCさんは、「帰国子女」、「ファッション業界」、「お嬢様」と、法整備が為される前も、華やかな仕事を得られる立場にあった女性達ですが、普通の女性もやりがいのある仕事を得られるようになる、キャリアウーマンブームがスタートしつつありました。

そんな時代を迎えて、アンアンは「もう結婚のために自分を曲げるようなことはしない」と、腹をくくったようです。この号の後にも、第501号では、「つまらない男なら別れたほうがいい。」という特集が。第502号では「真夜中の六本木の女たち。」という特集、そして第504号では、「日曜日、女友達とどこへ行こうか。」と

「まだ、当分結婚しないつもり、の女の4つの楽しみ。」(No.548)／自分のためにお金と時間を使うことを推奨した特集は、女磨きの原点か。

いう特集……。

「つまらない男なんて最低～」と上から目線、深夜まで六本木で遊び続けて日曜日は彼とではなく女友達と遊びにいく……。というわけで、この頃のアンアンは非モテ感満載。一九八六年十月の第548号に至っては、「まだ、当分結婚しないつもり、の女の4つの楽しみ。」と題して、「夜遊び」「仕事」「セクシィな冒険」「自分を磨く」ことが推奨されています。「セクシィな冒険」というのが少々わかりにくいですが、これはどうやら「色々な男性と付き合う」ことらしい。「急に思いついての1泊旅行にも、すぐにOKしたいから」などと書いてあります。

が、今を生きる私は既に知っています。夜遊びも仕事も大好き、尻軽で自分磨きに夢中……という女は最も結婚に縁遠い、ということを。ま、「当分結婚しないつもり」だからこその推奨行動なのでしょうが、「当分」のつもりが「ずっと」になってしまった人も、読者の中には少なからずいたのではないでしょうか。

ダメ押しとしてこの号には、
「なぜ中途半端な男と妥協しなきゃならないの？」
と題した座談会も載っていました。アンアンのスター・林真理子さんと吉本由美さんの他に、女優の長谷直美さんと伊佐山ひろ子さんが登場しているのですが、強気なタイトルの割には「私なんか、毎週末、結婚したいな、と思うわ」（吉本）、「もっといい人が出てくるのでは、と高慢な気持ちがある。それゆえ、結婚したいのになかなか実現しない……」（林）と、発言は意外に弱気。

中途半端な結婚などするな、なぜ結婚などしたいのだ、と読者を叱咤《しった》するアンアン。叱咤されて「そう……なのかな？」と思いつつも、実は結婚したい読者。両者の間には乖離が見られるわけで、アンアンはこの距離をどう埋めていこうというのでしょうか？

バブル期、「結婚」は誌面から消えた

No.587
1987年7月31日号

「みんな、なぜそんなに結婚したがるの？」

「なぜ中途半端な男と結婚しなきゃならないの？」

と、結婚制度及び男性に対して挑戦的な姿勢を示すようになった、八〇年代半ばのアンアン。その後、時代はバブルに向けて突き進んでいくわけですが、そうなるとまた、結婚に対するアンアンの姿勢は変化し、今度は「結婚を無視する」ようになるのでした。結婚「したい」でも「しない」でもなく、結婚などというものがこの世に存在しないかのように、「今を楽しむ」という、刹那的な快楽をひたすら追求するようになってくるのです。


ここで「バブルの時代」というものについて、少し解説をしておきましょう。日本では八〇年代後半から株価や地価がどんどん上昇、景気拡大が続きました。しかし実質的な中身が伴っていなかったが故に、急速に膨張した景気は、一気にしぼんでしまったのです。

景気が膨張している時、その時代に生きるほとんどの人々は、「やがてこの好景気は一気にしぼむ」とは思っていませんでした。だからこそパチンと弾けたショックは大きかったわけで、人々が浮かれきっていた八〇年代末から九〇年代初頭の一時期のことはその後、「バブル」と呼ばれるようになります。

ちなみに私は、八九年に大学を卒業して就職した、まさにバブル入社組です。就職は超売り手市場で、誰でも楽々と内定をゲット。夜の六本木では外車が路上に二重駐車され、空車のタクシーはつかまらない。後になってみれば「祭りのような時代であった」と思いますが、当時は「世の中って、こういうものなのか……」と思っていました。

アンアンにも、そんな時代の様相は色濃く反映されています。八〇年代後半から、誌面にしばしば見られるようになってきた単語は、「夜遊び」や「パーティー」。それまでは、おしゃれさえできれば満足といった感があったアンアンに、急速に夜の香りが漂うようになりました。

東京の遊び方が変った！
スタートは、夜のベイエリアから。

「東京の遊び方が変わった!」(No.587)／東京の刺激的なスポットを紹介。キラキラした誌面から、まさにバブルのにおいが漂う。

たとえば、八七年七月の第５８７号は「東京の遊び方が変った！」という特集で、ガラス張り&ディスコ調のインテリアの豪華クルーザーが紹介され、「スタンドバー気分でデートの待ち合わせをしてもいいし、貸切りのクルージングパーティーにもいい」とのこと。「惑星に不時着した宇宙船」をイメージしたというディスコ「トゥーリア」（注：八八年、照明器具が落下する事故が発生し、三名の死亡者が出て閉店することは、この時はまだ誰も知らない）や、日比野克彦さんがアートディレクションをし〝ＮＹのロフト感覚〟だという「Ｊトリップ ダンスホール」も、紹介されています。

東京のナイトスポットを紹介する特集

は、ぐっと増えました。

「ディスコのスペシャルdayを狙いうち！　ロンドンの夜人間も顔負けです。」

「ビリヤード場はきょうも熱い！　東京のあちこちにプールバー出現、ハスラー出没？」

「朝まで遊べる、飲む店、食べる店」

といった、キラキラした文章が並ぶのです。

パーティーにも、夢中だったようです。少し前の八六年十一月の第553号の特集は、「負けられないパーティーシーズン　ここ一番のドレスアップ作戦」というもの。持ち前の負けん気がパーティーシーンにおいても発揮されているのであり、有名人達がとっておきのパーティーウェアを披露。

「ロンドンのパーティーフリーク真似て、とびきりのウエアハウスパーティー」

「倉庫街のロフト借りきって、なんてのがシャレてるね。みんなでクアーズやらチップスやら持ち寄って」

といった文章が躍るこの特集は、相当浮かれています。それはまさに時代の気分であるわけですが、時代の気分に乗っかってふわふわと浮かされていることに、まだ人々は気づいていません。

この特集のみならず、

「いま日本でいちばん洒落たパーティーを主催する女たち。」

「パーティーはこの店で！」

「パーティーを開いて、主役になろう。」

「パーティーで、新しい男と出会おう！」

等々、この時代のアンアンは真剣に「パリピ」量産を目論んでいた様子。

それだけではありません。バブルの時代というと、しばしば「夕食を食べるために、週末だけ香港に行く、みたいな」といった解説がなされるものですが、アンアンでもまさにその手の特集が。八七年十一月の第601号は「週末に遊ぶ、買物する、思い切り食べる　香港は私の街」と題されているのです。

最初のページには、

「成田発18時45分、22時40分香港着。ホテルに荷物をほうりこんで、深夜の街に飛び出す。」

とありました。まさに、金曜に仕事を終えたらそのまま香港に行って週末を楽しみましょう、というノリではありませんか。

空港から直行するホテルはペニンシュラのようだし、アバディーンでのディナーは

「背中のあいたドレスにハイヒールをはいて」、そして「夜は六本木気分で、バー&ディスコ」。今時の若者に、こんなに派手な旅は真似できまい……。

この時代、人々は「今」を楽しむことに夢中だったのです。未来のことなど考えず、「アリとキリギリス」で言えば、キリギリス的な日々を送ることが格好いい、とされていた。ディスコにカフェバーにパーティーにと、朝まで遊びまくる人の頭には、「結婚」の二文字が入り込む余裕など、あるはずがないのでした。

寝たい男、好きな男

No.526
1986年5月2日／9日号

八〇年代後半のアンアンは、ディスコやカフェバーで夜通し遊んだりパーティーをしたり週末に香港に行ったりと、華やかで軽〜い暮らしを推しまくっていたのですが、とはいえ軽いムードに浸っていたのは、アンアンに限ったことではありません。八〇年代は時代そのものが軽かったのであり、「楽しくなければテレビじゃない！」というスローガンで八〇年代のテレビ界に燦然《さんぜん》と輝いていたフジテレビの姿勢は、「軽チャー路線」などと言われておりました。

軽く遊び暮らす女性の生活に欠かせない重要な要素は、「男」。八〇年代後半のアンアンが男性に対してとる姿勢も、やはり軽〜い感じです。

八〇年代後半のアンアンは結婚を無視していると前回記しましたが、この時代のアンアンにとっての男性とは、「遊び相手」。たとえば、八六年五月の第526号では、「寝たい男と、セクシィな女についての徹底的研究。」という特別とじ込みがあって、読者アンケートによる「寝たい男」ランキングが載っています。

ランキングを見てみますと、一位は岩城滉一さん、二位は明石家さんまさん、三位は藤竜也さん。さんまさんの人気に驚きますが、この年にさんまさんは、「元祖トレンディードラマ」とも言われる「男女7人夏物語」に出演されていて、八八年には共演者だった大竹しのぶさんと結婚することになります。

さんまさんの人気は、従来のお笑い芸人のそれとは違っていました。「面白くって、寝てみたい」と女性達に思わせる、今に続く「モテるお笑い芸人」の元祖であったと言えましょう（とはいえ「寝たくない男」の四位にも入っているのですが）。

他にも、吉川晃司さん（「胸が死ぬほどステキ！　あの胸に抱かれたい」）、萩原健一さん（「動物的なセックス、体験できそう」）、時任三郎さん（「テクニシャンだと思う。ベッドの中では」）等、幅広いジャンルの男性がベストテンに入っています。ちなみにカッコ内は読者の声ですが、当時の女性達は、このように好き放題に妄想を膨らませて楽しんでいました。

この特集の評判が良かったらしく、翌八七年七月の第584号では、「アンアンセクシー度アンケート'87 わたしが寝たい男ベスト20」が、巻頭の大特集となっています。ちなみに第一位は「トシちゃん」こと田原俊彦さん。前回のベストテンにおいても七位に入っている田原さん（「ファニーフェイスで何もできなそうだけど実はセックスが上手だったりして」）、今回はトップを奪取。全アンケート中、一割近い得票だったそうで、

「田原俊彦さんて、ベッドの中で激しい感じする。1晩で1kgくらいやせちゃいそう」（22歳・商社勤務）

といった声が寄せられています。トシちゃん他、ジャニーズアイドルでは少年隊の東山紀之さんがベストテン入り。明石家さんまさんも前回に続いてランクインしていますし、三上博史さん、陣内孝則さん、柳葉敏郎さんといった、トレンディードラマによく出ていた俳優さん達も、ベストテンに入っています。

八八年九月の第642号では、今度は「好きな男、嫌いな男。」のアンケート結果が載っていました。その後、このアンケートはアンアンの名物定例企画となり、木村拓哉さんの連続一位へとつながっていくわけですが、その初回の第一位は、田原俊彦さん。ジャニーズ人気はこの頃から盤石でした。

二位に東山紀之さん、三位が明石家さんまさんということで、ジャニーズ&お笑い

林 真理子・藤 真利子が、
言いたい放題！
今や、アイドル界の〝ジャニーズ〟印は、
芸能界のJ-Sマークみたいなもの。
私の夢は、生まれ変わったら、
ジャニーズの合宿所の寮母になること。

「好きな男、嫌いな男。」(No.642)／林真理子さんと藤真利子さん、2人の〝マリコ〟が対談。大人の女性の本音トークが炸裂！

の勢いはやはり強い（とはいえここでもさんまさんは、「嫌いな男」の一位でもある）。

特集の中には、「林真理子・藤真利子が、言いたい放題！」というページもありました。アンケート結果を見ながらの対談なのですが、

「少年隊のコンサートとか、必見よね」

「少年隊って言えば、光ゲンジだっていいわよ。大沢くん」

などとお二人はジャニーズアイドルに夢中な様子を見せているのであり、「ジャニーズ」とは芸能界におけるブランドであり、「JISマークのようなもの」なのだと、林さんはおっしゃっています。

創刊当初は、「芸能人なんて、ダサくって」という姿勢だった、アンアンですが、八〇年代前半から次第に芸能界へと寄っていき、この頃にもなると、かつて芸能界嫌いだったことが嘘のように。七〇年代まではまだ残っていた大衆文化に対する反抗的な気概がすっかり失せ、軽チャー路線のドラマやバラエティーに、人々はすっかり乗せられていたのです。

若者達はトレンディードラマを見て、「自分もこういう恋ができるのでは?」と、うっとり。テレビの中の人とのセックスだの恋愛だのを妄想したり、また現実の恋愛行動において、シティホテルに泊まったり「イタ飯」(イタリア料理のことです)を食べたりと、トレンディーっぽい行為を楽しんでいました。

恋愛は、数あるレジャーの中の一つとなりました。どんな異性と、どこに遊びに行って、どんなセックスをするか。ブランド物のバッグを集めるかのように、若者は異性との経験を収集するようになり、軽チャーならぬ〝尻軽チャー〟路線が、世の中を覆っていったのです。

セックスできれいになる?

No.671
1989年4月14日号

〝尻軽チャー〟全盛だった、バブルの時代の日本。男も女も基本的には「したい」と思っていたのであり、結婚前に複数の人とセックスをしているのは当たり前。会社の経費が気軽に使える時代だったせいもあって、不倫も横行していました。

とはいえそのような人達が、わざわざ「肉食系」などと言われることはありませんでした。なぜなら当時は、「草食系」という言葉及び観念自体が存在しなかったから。人間である限りは「したい」のが普通である、という感覚があったため、セックスに積極的な人をカテゴライズする必要がなかったのです。

もちろん当時も、あまりセックスをしない若者も存在しましたが、それでも彼等は「したくない」のではなく、モテない等の理由で、「したいのに、できない」人達だと思われていました。草食系や絶食系とは、異なる背景を持っていたのです。

前回も記したように、アンアンもセックスに対しては興味津々でした。一九八八年四月の第620号は、「他人のセックスについて、知りたい。」という特集。特集タイトルだけ見ると、覗きでもしたいのか？　と一瞬驚きますが、これはおそらく、「みんなもこんなにセックスをしているのだから、あなたのセックスライフはそれほど異常ではありませんよ」と、読者に対して言おうとしていたのでしょう。

今でこそ、女に性欲があるのは自明のこととされていますが、当時は積極的にセックスをする女性が多い割には、「男性から求められたので、したのです」というフリをするお約束があった時代。「自分の性欲や性行為は、正常の範囲内なのだろうか？」と、日本人らしい心配を抱く女性が多かったが故の、特集だったのだと思います。

ですからこの特集は、セックスをしたい・している女性達の背中を押す内容になっています。

「男に求めたい！　女にだってその気があります」
「山田詠美的、正しいセックス論」
「からだ磨いて、今夜は安心」

といったページを見ると、いつも受け身である必要は無いのだ、と励まされるかのよう。山田詠美さんは、セクシー関連の特集でしばしば登場する、アンアンにおけるセクシー師匠のような存在でした。

そんな道程を経て、一九八九年四月に、とうとうあの「セックスで、きれいになる。」という特集が登場します。この頃のアンアンは、「きれいになる」ことに夢中でした。「髪型を変えたら、突然きれいになった！」「きれいになれるエステ案内」「着物が、いちばんきれいになれる」「きれいになるために、私が努力していること」等々の特集が頻出し、「きれいになる」ためにありとあらゆる手を尽くそうとしていたのです。

そんな中で登場した「セックスで、きれいになる。」という特集は、ヘアメイクやダイエットやファッションといった誰でも思いつく手段でなく、セックスという行為を利用して「美」を手に入れようという、大胆な提案。「性」と「美」という、この時代の若者が求めた二つの欲求を同時に満足させるという、一石二鳥の企画なのです。

セックスで「きれいになる?」でもなければ「きれいになりたい！」でもなく、「きれいになる。」と言い切るコピーが魅力的なのですが、この名コピーの効果もあって、特集はその後も続き、名物企画に。初回はまだ「セックスで痩せるって、本当ですか？」といった検証がなされる程度で、本当にセックスできれいになることができるかどうかは曖昧です。が、回を重ねるにつれて、「セックスできれいになるのだ。否、きれいにならねばならぬ」という決意が深まっていくかのようでした。

「セックスで、きれいになる。」特集の特徴は、女性がセックスを主体的に楽しもうとした点です。基本的には男女二人でするセックスですが、「きれいになりたい」というのは、女性側の都合でしかない。「相手が好きだから」といった理由のためだけで行うのでなく、「きれいになる」という機能性をセックスに求めることもできますよ、とアンアンは提案したのです。

それは、初期アンアンと少し似てはいながらも非なる姿勢です。初期アンアンは、ウーマンリブやフリーセックスの動きを背景に、男に「抱かれる」のではなく男を「抱く」のだという、女性にとっての性の解放を目指していました。社会と女性を背負ってセックスをするという、それは社会的なセックスだったように思います。

対してバブルの時代のアンアンは、社会のことや女性全体のことなど考えず、個人としてセックスをしています。もっと楽しく、もっと気持ちよく、できればセックスしながらきれいになったりもして……という、どこかに湿り気があった七〇年代よりもグッとカジュアルで乾いた、個人的なセックスライフが推奨されました。

セックスすることが「Hする」と呼ばれるようになったのは、この頃から。うんと

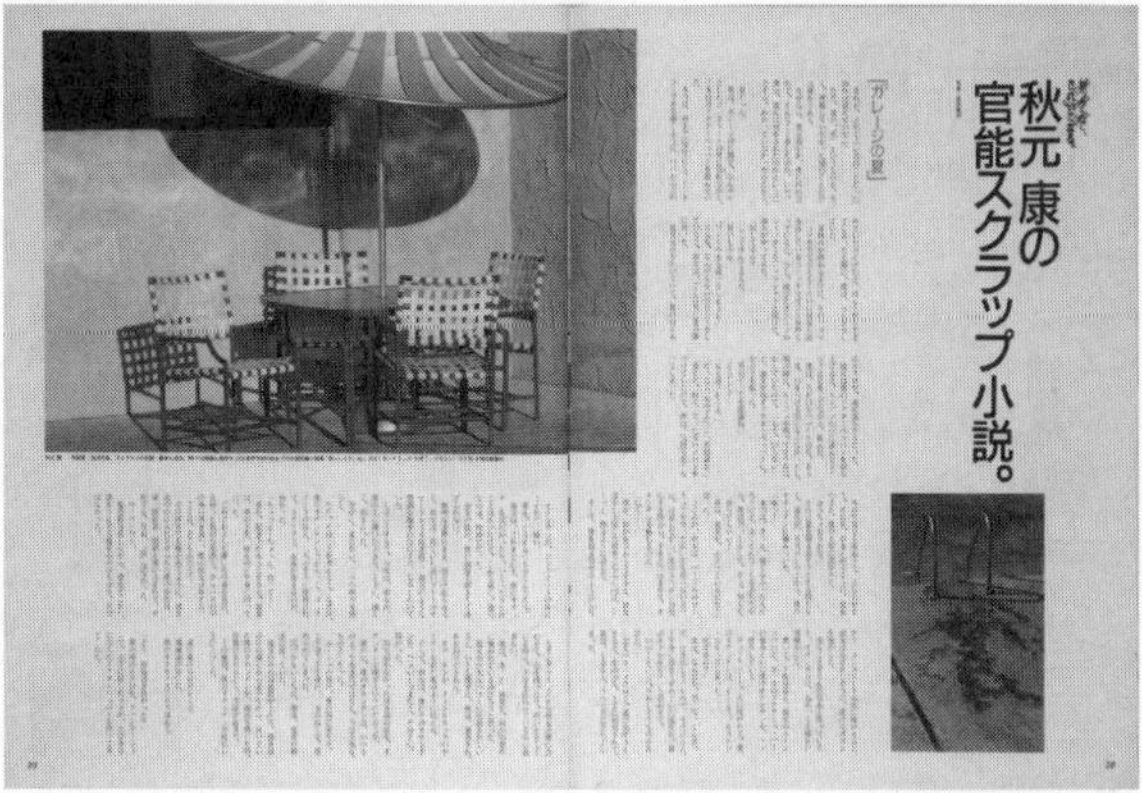
秋元 康の官能スクラップ小説。

「ガレージの夏」

「セックスで、きれいになる。」(No.671)／名物シリーズ企画の第1回には、秋元康さんの官能スクラップ小説「ガレージの夏」が美しい写真とともに。

ライトになったセックスは、数あるレジャーの一つとなったのです。

そういえば第一回の「セックスで、きれいになる。」には、秋元康さんによる、「ガレージの夏」というタイトルの〝官能スクラップ小説〟も載っていました。女性がプールサイドで、「食べちゃおうかな」などと言いながら、男の子の「オチンチンに噛みついた」りする物語を読みつつ、バブルの時代の女性達はセックスというレジャーを、カラッと楽しんでいたのです。

「純愛」という ユーミンの御託宣

軽いセックスや不倫などが横行し、恋愛はゲーム感覚でするものとなった、バブル期。が、そうなると当然、揺り戻しの動きも出てきます。一九八九年一月の第６５９号は「'89年は、新しい女の時代だ。」という特集ですが、ここで大きくクローズアップされている言葉は、「純愛」なのです。

まず、なぜ「'89年は、新しい女の時代」とアンアンが言い出したのかを、考えてみましょう。一九八九年は、日本にとっても大きな変化の年でした。昭和天皇が崩御されたのは、一九八九年の一月七日。つまりアンアン第６５９号が出る、ほんの少し前のことです。昭和天皇の〝Xデー〟については一九八八年の秋頃から囁《ささや》かれていたのであり、「ほどなくして、日本は新しい時代に入る」という予感は世に満ちていま

No.659
1989年1月20日号

した。

一九八九年は、昭和六十四年でしたが、昭和六十四年はわずか七日で終わり、次に始まったのが「平成」。しばらくは昭和天皇崩御に伴う自粛ムードが続いたものの、その後は一気に〝バブル〟が大きく膨らんでいったのです。

そんな中でやってくるのは「新しい女の時代」なのだ、とアンアンは宣言しました。

ページをめくってみると、

「ことさら肩肘張って、キャリアウーマンするのもとうに時代遅れ、かといって〝ボディコン〟で媚《こ》びるのも、何やら気恥ずかしい今日この頃。そろそろ女たちが変わり始まる気配アリ」

とあります。男女雇用機会均等法が施行されたのは、一九八六年のこと。女性総合職という名の〝キャリアウーマン〟が、当時は目立っていました。そしてボディコンという、女性の身体のラインを強調するファッションも、八〇年代後半から流行。働くにしても遊ぶにしても、とにかくこの時代の女性は張り切っていました。

対してアンアンは、バリバリのキャリアウーマンでもイケイケのボディコンでもない女性が「新しい」としています。それは、

「優しく、しなやかに、そして女らしく。他人の視線なんか気にしない、ナチュラル

な自分なりのスタイルで、仕事だって、遊びだって、恋愛だって、存分に満喫しちゃう」

という人なのだそう。

「新しい女」に関するキーワードを何人かの有名人が提示しているのですが、林真理子さんは、「セックスに至るまでの時間のかかる恋愛、純愛が新鮮！　恋した男の子はまだ10代、デートは動物園、そして交換日記……。そんな純愛、今年は体験しどきね」としています。

ページをさらにめくっても、

「'89年は、純愛に賭けてみる」

とあり、秋元康さん、大貫妙子さん、新井満さん、そして中島梓さんという4人の大人の男女に、〝純愛〟について語ってもらっているのです。

ここにも、「火遊びみたいな恋、危険な匂いの不倫……ｅｔｃ　もう、軽いゲームの恋では飽き足らなくて。今年は本気の純愛がしてみたい」とありますが、つまりはすぐに「して」しまうような尻軽チャーからの揺り戻しが「純愛」なのだと思われる。

私も記憶しているのですが、確かにこの時代は「純愛ブーム」とでも言うべき状態となっていました。そのブームの火付け役こそ、松任谷由実さん。ユーミンはこの時代、一年に一枚アルバムを出して、それが必ず大ヒットしていたのですが、前年末に発売されたアルバム「Delight Slight Light KISS」のテーマこそが、「純愛」。当時の若い女性達にとってユーミンはまさにカリスマであり、アルバムのテーマは「ご託宣」と言ってもよいものでした。

「新しい女」特集にも、ユーミンのインタビューが載っています。そこで、

「自分を本気になって大切にしようとすれば、恋愛は純愛になるのよ」

「純愛とは言い換えれば、心の余裕がある上での恋愛」

「セックスしても、それが確固たる信念を持ったセックスなら純愛よ。でもむやみやたらは×」

などと語る、ユーミン。トレンドセッターであり預言者でもあるユーミンのお言葉に、読者は「これからは純愛なのね！」と、ひれ伏したのです。

ユーミンのご託宣通り、それからは「純愛」が盛り上がります。翌一九九〇年～九一年にかけてフジテレビで放送された「すてきな片想い」「東京ラブストーリー」「101回目のプロポーズ」は、「純愛三部作」などと言われたものでした。

が、今になってふり返ってみますと、それはやはり「ゲームとしての純愛」だったように思うのです。夜遊びだ不倫だと刺激的なことをしすぎた末に、もはや何にも刺

激を感じなくなってしまった、バブル期の人々。その時、素朴でシンプルな「純愛」こそが、反対に最も刺激的に見える……と再発見され、新しい玩具としてもてはやされました。

ちなみにユーミンは、一九九〇年からアンアンで「永遠を探せ！」というエッセイを連載しているのですが、ある回では「フレンチを食べた翌日、すかいらーくに一人で入って食べたマグロたたきご飯セットが美味しかった」といったことが書いてありました。つまり純愛というのは、フレンチの翌日のマグロたたきご飯のようなもの。当のユーミンも、「マグロたたきご飯を毎日食べたい」とは決して思っていなかったはずであり、次のアルバムにおいてはまた異なるテーマが提示されていたのです。

暮らしは
現実的に、
心は現実の外へ。

1990

←

九〇年代、日本の景気は急激に悪化。
キラキラで、ふわふわな空気は、一気にしぼみます。

「こんなに簡単にしぼんでしまうとは」
という驚きを込めて、
人々は過ぎ去った時代を「バブル」と呼びました。

アンアンでも、バブル崩壊の影響は大。
膨らませ放題だった物質的欲求は影を潜め、
日々の小さな満足を大切にする、
身の丈に合った生活が、戻ってきたのです。

この時代、女性達が直面したのは、
八〇年代、遠くにうっすらと見えていた、影のようなもの。
くっきりとした輪郭の不幸と言うよりも、
もやもやとした不安が、世の中に充満しました。

1990's

結婚は、やっぱりしたいけれど、
どうしたらできるか、わからない。
仕事は、先行きが不透明。
そうこうしているうちに、時はすぎていく……。

そんな時代にアンアンが提示したのは、
スピリチュアルな世界。
物質的な充足より、精神的充足が、求められていました。

現実を、より良く生きるため。
時には、厳しい現実から逃げこむため。
目には見えない、
スピリチュアルな世界を受け入れることによって、
女性達は薄暗い世を生き延びようとしたのです。

林真理子さんの結婚

男性と遊びまくってみたり、一転して「純愛」を賛美してみたり。バブル期のアンアンが恋愛をゲームのように弄んでいるうちに、一九九〇年にはアンアン創刊二十年を迎えました。

その時に行ったのは、「20周年記念3号連続　女と男のラブストーリー」という連続特集です。一回目は「嫉妬　私の他に、誰かいるの？」、二回目は「別離　さよならは、私から言う」、三回目は「恋愛　こんどの恋は、私が見つけた」……と、毎回異なるテーマで、恋愛大特集が展開されました。

ファッション誌であったはずのアンアンですが、この記念特集は「彼の浮気を見抜く、36の鋭い行動チェック」だの「女からの別れが、得な時代になった」だのといっ

No.710
1990年2月2日号

たページばかりで、ファッション色は限りなく薄い。この頃のアンアンは色恋に首ったけなのであり、ほとんど〝恋愛誌〟の様相を呈していました。

自分から別れたり自分から恋したり、恋愛にアグレッシブな自主性を重視する様子が見てとれる、20周年記念特集。三回目の特集においては、すぐに恋をしがちな人を意味する「恋愛体質」という言葉を、世に出しています。

恋愛への興味が薄い人が増えた今、既に死語化してしまった「恋愛体質」ですが、この頃のアンアン誌上では褒め言葉として機能していました。「恋愛していない」という状態は恥であり、いつでもどこでも恋に陥る人は、賞賛の対象に。バブル絶頂期のさらにど真ん中であったこの頃、「お金も物も、多ければ多いほど」という価値観を背景に、恋愛経験もまた「多ければ、多いほど」だったのかもしれません。

が、同時に目につくようになってきたのは、結婚の特集なのです。少し前までは、結婚を無視して遊びまくっていたアンアンですが、一九九〇年の二月の第710号では、

「それでも結婚したいですか？」

というタイトルで、おずおずと結婚特集を再開。その数ヶ月後には、

「結婚したくない女はいない。私の結婚条件。」

と、今度は急に、結婚に対してもアグレッシブになったではありませんか。

そこには、一つのトピックが存在しています。「結婚したいですか?」と「結婚したくない女はいない。」の間には、アンアン史上最大のスターである林真理子さんの結婚という出来事があったのです。

一九九〇年に結婚された時、林さんは三十六歳。お相手は年上のサラリーマンです。その結婚の報は、芸能ニュースなどでも大きく取り上げられたものでした。

独身読者にとってのカリスマ的存在として長らく輝き続けていた林さんの結婚を、アンアンは特権的な立場で取り上げています。すなわち「アンアン独占緊急連載」として、特別エッセイの連載がスタート。結婚に至るまでの十週は「林真理子のウエディング日記」が、そして結婚以降の十週は「林真理子の新妻日記」が、誌面を飾っています。

「ウエディング日記」の第一回には、「結婚式まであと35日」とされ、婚約発表記者会見の時の写真とともに、結婚に

挙式まであと35日
アンアン独占緊急連載①
林真理子のウエディング日記

「ウエディング日記」(No.721)/アンアン独占緊急連載の特別エッセイ第1回。写真右上は婚約発表時の林真理子さん。

至るまでの経緯が記されていました。フィアンセがおっしゃったという、

「好きだから結婚しよう」

「僕のいちばん大切なもの」

「オレについてくれれば間違いないよ。必ず幸せにしてやるよ」

といったとろけるようなフレーズの数々も披露され、最後の一文は、

「ねっ、結婚っていいでしょう」

というもの。

その後も、ブライダル・エステ、ドレス選び……といった楽しい出来事の数々とともに、結婚前の弾む気持ちが描かれています。そしていよいよ結婚式、披露宴にパーティーというピークがやってきて、その後の「新妻日記」へ。

「結婚したことの最大の幸福は、結婚できないいんじゃないかという不幸から逃れられたこと。結婚したことの最大の不幸は、誰と結婚しようかなあ、と考える楽しみを失ったこと」

等、余裕溢れる新妻ぶりが描かれます。「新妻日記」において林さんは、二谷友里恵さんの『愛される理由』（注：二谷友里恵さんは、俳優の二谷英明・白川由美夫妻の娘さんで、郷ひろみさんと結婚したことが話題に。ことの顚末《てんまつ》を記した同書はベス

トセラーとなった）の出版記念パーティーにおいて、友里恵さんの美しさに感動しています。そして今は、「こういうすべてを手にいれた女の人が、とてもカッコいい時代」なのだと、記しているのです。そして林さんご自身もまた、仕事も結婚も、そしてやがてはお子さんも……という「すべてを手にいれた女」となっていくのでした。

二十週にわたって続いた林さんの結婚エッセイを読んで、読者はどれほど結婚に対する意欲を刺激されたことでしょうか。私もこの時、二十代前半だったはずで、きっと「結婚って、素敵」と思ったはず。アンアンは、「結婚したくない女はいない。」という方向へ向かっていくのです。

が、ここでもアンアンは少し、やり方を間違っている模様。独立自尊の意識が強いアンアンは、自らの力で結婚を摑み取ろうとしていますが、あいにく結婚は一人ではできません。そして日本の男性は、女からがっついてこられるのが苦手なのであり、鼻息の荒いアンアン読者より、鼻息は隠しつつ自分を手に取らせる術を磨くJJ系の女性に惹かれがちでした。かくしてアンアン読者はなかなか林さんのようにはうまく結婚ができずに、またまた迷走。恋愛誌としてのアンアンの役割は、さらに続くことになります。

ヌードブーム、再来

バブル期のアンアンでは、結婚したい割には、結婚を遠ざけるような特集が目立ちます。たとえば「林真理子の新妻日記」が連載中だというのに、第737号（一九九〇年八月）での「ひとり暮しと、男との関係。」という特集においては、「いつでも男をよべる、部屋づくりをしよう。」という、尻軽感が満載のページが。「合鍵を渡しますか？」というページもあって、

「結婚したいなら渡しちゃダメーッ！」

と、思わず老婆心を出したくなります。

同じく「新妻日記」連載中には、「大人の女の恋愛ガイド」という特集もありました。ここでも目次に並ぶのは、「たとえ不倫と言われても、この恋をあきらめたくな

No.737
1990年8月24日号

い。」「大好きだから、あの女から奪ってしまう」「年下の男との恋に、いちずになってみる。」といった、薄幸感が溢れる文言の数々。「新妻日記」の教えを、完全に無視しているではありませんか。

元々がフランスの血筋をくむ雑誌であるからこそ（お忘れの方に注：アンアンは最初、フランスのELLE日本版でした）、日本の伝統的結婚観にとらわれず、自由なアムールに生きたい、という感覚があったのだとは思います。が、そうはいってもここは日本。自由なアムールは、保守的男性からは受け入れられないこともある。

そんな中、バブル崩壊直前に登場した印象的な特集が、「きれいな裸」（一九九二年十月）でした。ヌードになりたいという読者を募集し、篠山紀信さんが写真を撮る、というこの企画。十八歳から四十七歳まで、千六百人以上の中から選ばれた十九人の女性のヌードが、載っているのです。

創刊当時のアンアンは、ヌードとの親和性が高い雑誌だったことは、以前も記した通り。それは「反体制」が流行った七〇年代初頭であったからこその現象であり、その後、アンアンからヌードは姿を消していました。

アンアンが九二年になってヌード特集を行ったのは、時代のせいもあったのでしょう。当時、日本はヌードブームの様相を呈していました。かつて日本では、ヌード写真に陰毛が写っていると摘発される国だったのですが、九一年に発売された、篠山紀信さん撮影による樋口可南子さんの写真集によって、実質的に「ヘア解禁」となり、ヘアヌードブームに。同年には、やはり篠山紀信さん撮影による宮沢りえさんのヌード写真集「サンタフェ」が、世間の話題をさらいました。人気絶頂のりえさんが脱いだことが衝撃的であったのと、エロと言うよりは美を追求した裸が、新鮮だったのです。

さらに少し前、八〇年代末には、少女向け雑誌「オリーブ」の表紙に、外国人モデルが上半身裸で登場。九〇年には「クレア」に、「1990年、一番のおしゃれは裸です」ということで、やはり外国人モデルが裸で登場……と、女性誌業界での下地もできていました。

従来は、ヌードといえば「男性向けのエロい裸」だったのが、この頃に流行ったのは、「女性も楽しむことができる、お洒落な／建康的な／格好いい裸」。そんな中でアンアンは、読者達のヌードを撮ることによって、「女も、脱ぎたい」という欲求を浮き彫りにしたのです。

読者達の応募動機は、「青春の記念に」「篠山さんに撮ってもらいたい」「『サンタフェ』に感動して」「人に見てもらたい」「自分に自信を持つため」「自分が美しい時に撮っておきたい」等。異性の発情のためでなく、自分のために撮りたいのだ、という気持ちが目立ちます。

ヌードが載るページを見れば、

「今までに、『女の、女のための』裸が、なかったことのほうが不思議なんだ！」

と、初期アンアンを彷彿《ほうふつ》させるような勇ましい文章が冒頭に記してありました。そして、

「ダンスで鍛えた、自分の体が好きだから」（21歳・ダンサー）

「何かが変わるかもしれない！　こんな機会を待ってました」（19歳・予備校生）

「私の裸を見て、あなたにも勇気を持ってもらえれば…」（27歳・グラフィックデザイン勉強中）

と、自信に溢れるコメントとともに、十九人のヌードが続きます。男性向けヌードのように、唇を半開きにして寝転がる、といったポーズは無く、満面の笑みで海辺を走っていたり、仁王立ちでカメラを凝視していたりと、楽しげだったり強そうだったり。

この特集は、大きな話題となりました。出自が「反体制」の側にあるアンアンとしては、面目躍如といったところでしょう。

しかし、ヘアメイクを担当した渡辺サブロオさんは、座談会で言います。

「今回の裸っていうのは男にとってはつらいものがあるんじゃないでしょうかね」

と。それを受けて篠山紀信さんも、

「それは言える。気弱な男の子をますますダメにするかもしれない」

と……。そう、二人の男性は、強そうで自信満々な女性の姿勢が、日本男児を萎えさせがちであることを知っています。自らの強さを巧妙に隠すことによって男性をやっとその気にさせてきた日本女性が裸で仁王立ちすることによって、男子達はますますビビってしまう、との危惧をお持ちなのです。

お二人の予見通り、バブル&肉食の時代はほどなくして終わり、男子草食化への道が始まる日本。アンアンのヌードは、バブル期最後の花火だったのかもしれません。

小泉今日子さんという おしゃれリーダー

大胆な脱ぎっぷりだが、男性の劣情はそそらない。……という、読者のヌード特集「きれいな裸」。このような特集が成立する背景には、一人の女性の存在があったような気がします。

バブル期を代表する「いい女」としてユーミンがいることは、以前も記しました。ユーミンは、ニュートラ・エレガンス系女性誌でも、キャリア系女性誌でも「いい女」のロールモデルとして登場していた、いわば全方位的な「いい女」。しかしもう一人、個性重視の女性誌であるアンアンにおいて絶大な人気を誇った「いい女」がいて、それが小泉今日子さんです。

一九六六年生まれの小泉さんは、十六歳の時にデビュー。一躍、人気アイドルとな

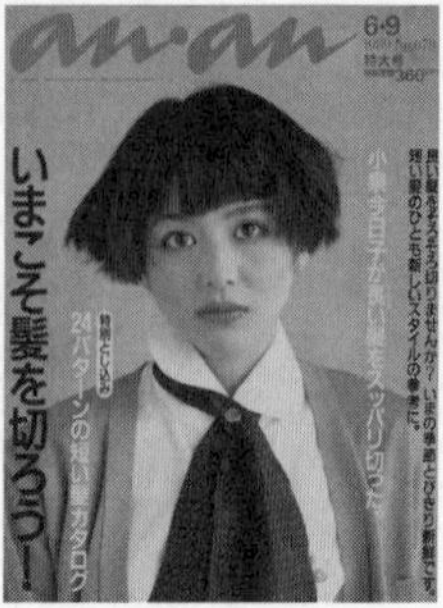

No.678
1989年6月9日号

りました。初期は、ふりふりの衣装に聖子ちゃん風の段カットという普通のアイドルだったのですが、ほどなくして髪をバッサリとショートに。それがよく似合って他のアイドルとは一線を画した個性を感じさせ、さらに人気となりました。陽の松田聖子、陰の中森明菜、そして個性の小泉今日子という風に並び立っていたのです。

彼女の個性のベースにあるのは、自主性および知性です。他者からのお仕着せでなく、自分でそうしたいという意志のもとに個性を発露。そして十九歳の時に歌った「なんてったってアイドル」は、自分がアイドルであることを自覚するアイドルの歌という、革命的アイドルソングであったわけですが、秋元康さん作詞によるその歌を咀嚼《そしゃく》して歌いこなす賢さと客観性を、彼女は持っていた。

アンアン誌上で小泉さんの人気が高まったのは一九八九年頃からで、小泉さんは二十三〜四歳でした。年齢的には、いわゆるアイドル路線とは一区切りという時期ながら、ヒット曲を連発していた彼女。そんな時に注目されたのは、彼女のファッション性の高さです。

たとえば同年六月の第678号は「いまこそ髪を切ろう!」という特集であり、巻頭特集は、「小泉今日子が長い髪をスッパリ切った。」というもの。当時、世はユーミン的なロングヘアがブーム。「いまこそ髪を切ろう!」号の半年ほど前には「長い髪が、なぜ好きなのですか?」という特集があり、そこには「長い髪を流行らせた、ユーミンです。」というページもあれば、「憧れの女はみんな長い髪」というページには、小林麻美さん、浅野ゆう子さん、浅野温子さん、今井美樹さんといったこの時代を感じさせる女性達の姿が。そこには、ロングヘア時代の小泉今日子さんの写真もあるのです。

バブル期に「長い髪」だった「憧れの女」達は皆、ロングヘアを大切にしながら人生を歩みました。が、小泉さんはすぐに路線を変更し、前述の通りアンアンにおいて誌上断髪を決行。モード系のショートボブとなりました。

大胆に髪を切る度に、人生にターボがかかる感のある、小泉さん。この時もショートにしたことによってよりおしゃれ感が強まり、一九九〇年八月の第738号の「新しいおしゃれに、トライしよう!」という特集では、

「小泉今日子さんが、おしゃれリーダーの理由。」

というページが。様々な服を着たグラビア写真とともに、「服に対して固定観念がない」「〝着こなす強さ〟がある」「気持ちと洋服をセッションさせるのが非常に上手」等、スタイリストやデザイナーといったファッション業界の人たちからの大絶賛のコメントが。

ご本人は、

「ほかの人が着たらエッチな服をわたしが着たらエッチに見えない」と語っていますが、この発言はかなり、小泉今日子人気のポイントをついていると思います。そう、小泉今日子はエロくありません。肉感性が薄く、心身ともに女の湿り気を感じさせないタイプなのであり、そこがアンアンのような雑誌でおおいに受け入れられた理由の一つ。

アンアンは、セックス特集もヌード特集も恋愛特集もある、生身の女の雑誌ではあります。が、ニュートラ・エレガンス系雑誌のように、わかりやすい女の武器を使用してモテや結婚を得たくない、という矜持を持っていました。

異性に媚びず、色気に訴えずにありのままに生きているように見えた小泉今日子さんは、そんなアンアンにとっては眩しい存在。彼女が持つ「非エロ」感は、アンアンにおけるスターの絶対条件なのであり、読者モデルによるエロくない「きれいな裸」と小泉さん人気を支えているのは、同じ人達だったのです。

その後小泉さんは、一九九三年六月の第875号「男が選ぶ女のタイプが変わった」という特集で、当時人気絶頂の俳優・永瀬正敏さんと対談。好きな女性のタイプを聞かれ、

「僕は元来、変な奴が好きなんですよ」

「自分の個性を生かしている人っていうのかな。そういう意味でのヘン！」

と言う永瀬さんとは波長が合ったようで、二人は一九九五年に結婚しました。

これはアンアン読者にとって、明るいニュースでした。個性的に生きる女性は時に異性ウケが悪かったりするのに、キョンキョンは違う！　個性もモテも手に入れている！　……と、希望を抱かせたのです。

二人の結婚は解消されましたが、その後も小泉さん人気は衰えず、今に至ります。そこにあるのは、個性的でありつつも家父長制的保守性を重視するユーミンとは全く異なる、新しい「いい女」像であったと言えましょう。

バブル崩壊後の引き締め生活

バブルの時代はアンアンもまた浮かれていたということは、以前記しました。となれば当然、バブル崩壊とアンアンも無関係ではいられません。バブルの崩壊は一九九一年頃と言われていますが、この後に目立ってくるのは、ずばり「お金」の特集です。

たとえば一九九三年一月の第８５７号は、

「１万円はこんなに使える！」

という大特集。

「１万円の価値を、改めて考えてみよう」という文章で始まり、

「世間の色もバラ色から灰色へ。そんなご時世、改めて１万円札を眺めると」

と、続くのです。アンアンのような若い女性向けファッション雑誌でも、「バラ色

No.857
1993年1月29日号

から灰色へ」と記さざるを得なかったのが、この時代。経済界の人達だけでなく、世の中全体を揺るがしたのが「バブル崩壊」でした。

ここには、「ケチケチせよとは言っていない。どうせ大枚はたくのならば、とことん納得したい。最低、元は取ろうじゃない。という感覚を養いたいだけ」とも記してありました。いわゆる「コスパ」感覚を身につけましょう、という提案なのです。

今となっては当たり前の、「元を取る」という感覚。それをアンアンがあえて声を大にして主張しなくてはならない背景には、バブル期にゆるみ切った経済感覚がありました。ほんの一時のいい気分を得るため、見栄のため、単にお金を使いたいから……等、軽ーい理由から消費行動が為されていたバブル期。そのような感覚を見直して、「お財布の紐を締め直しましょう。1万円って、とっても大切ですよ！」と、アンアンは訴えたのです。

ページをめくれば、「生活の無駄をなくせば、1万円はすぐ貯まる」「1万円で1週間を普通に暮らす、長続きするアイデア！」「低価格、値引きの店で、1万円を有効に！」など、引き締め感たっぷり。当時のアンアンにおける憧れの職業である、ファッションブランドのプレス担当の女性が、「500円玉貯金を始めて5か月経過、苦痛もなく目標の10万円はすぐそこまで」

と言っていたり、モデルの女性も、

「野菜料理を中心にして、食費の節約を心掛ける」

と、しっかりした経済観念を見せていたり。週末は香港へ飛んで、

「まずは買い物。ペニンシュラへ直行！」

などと読者を扇動していた雑誌とは思えない堅実さではありませんか。

同年十一月には、1万円特集の拡大版とも言える、

「100万円貯める！」

という特集もありました。「低金利を迎え、貯め先にこだわるよりも貯めるシステムの確立を目指そう」ということで、「2年間で100万円、この方法なら絶対に貯まる」などと、具体策をアドバイス。スタイリストやミュージシャン、キャスターといった華やかな人達が「私はこうして100万円を貯めました」と、体験談を披露しています。

お金って、大切なものだったんだ！　と気づいたアンアン読者。「100万円貯める」特集はその後も続きましたし、「現代女性の貯金を調査、貯金を研究」「貯金ができる生活法を教えます」「お金が貯まる、お金が殖えるヒントがいっぱい！　お金に関するあらゆるQ&A」といった特集が、九〇年代半ばには目立つようになりました。

バブル期は、週末に香港云々といった特集のみならず、パーティーだ夜遊びだとキラキラした特集が目立ったアンアン。それどころか、「ゴルフと車が、時代のおしゃれ!」(第631号、一九八八年六月)という特集すら存在したのです。それはまるで、アンアンの天敵であるニュートラ・エレガンス系雑誌の特集のようではありませんか。

バブル期は、お金の特集にしても、「小金持ちの賢いお金の使い方」(第626号、一九八八年五月)といった感じでした。そこには「アクセサリーは『金』と『ダイヤ』がお買い得!」「価値がでる、『限定品』を買う」「いまの時代、投資しないテはない」などという、生臭い情報も紹介されている……。

バブル期は将来値上がりしそうな物を買ったり投資したりと、労働以外の手段で資産を殖やそうとすらしていたアンアンであったのに、バブル崩壊後は一転、涙ぐましい倹約派に。図書館や公共のプールを利用しましょうとか、長電話しないように電話のそばに砂時計を置きましょうなどと(酒井注：当時、携帯電話は世の中に登場していたけれどまださほど普及はしておらず、メール機能も無かった)、爪に火を灯すような節約法が紹介されているのです。

貯金特集のみならず、「『安い!』をとことん追求する」「あらゆるジャンルの安い物を探した。」など、安い物特集も見られる、バブル崩壊後のアンアン。お金の大切さが身に沁みた様子がうかがわれます。

それはからずも、「お金は無くとも工夫しておしゃれを楽しむ」という、アンアンが創刊時に目標としていたパリジェンヌの姿勢に回帰した、と言うこともできます。しかしアンアン読者達は、そんな景気低迷時代が意外に長く続くことには、まだ気づいていないのでした。

占いと「運」への傾倒

経済的な面では、バブル崩壊によって現実的考え方を取り戻したアンアンでしたが、精神的な面においては、現実逃避傾向が見られるようになってきました。すなわち、占い特集や「運」特集、今で言うところのスピリチュアル特集など、「目に見えないもの」についての特集が、やたらと増えてきたのです。

アンアンは、創刊時に日本の女性誌で初めて星占いのページを設けています。目に見えないものを受け入れる柔軟性は、最初から持っていたと言っていいでしょう。

とはいえその後のアンアンは、物質文明にどっぷりと浸かっていました。世の中では、スプーン曲げだＵＦＯだと、不思議な現象がブームになることもありましたが、若い女性達はその辺は無関心。ファッション、男、旅、ダイエット……と、彼女達の

No.750
1990年11月23日号

関心は目に見える世界に限定されていたのです。

そんな女性の世界に一石を投じたのは、やはりユーミンでした。これからバブルへとむかう一九八三年に発売されたユーミンのアルバムタイトルは、「REINCARNATION」。当時は何のことやらよくわからなかったこのタイトルの意味は、「輪廻」でした。何でも世間より早めに察知するユーミンは、「PEARL PIERCE」を出した翌年には、もう〝時の超越〟について歌っていたのです。

アンアンにおいて占いがフィーチャーされるようになったのは、その後のバブル絶頂期でした。パーティーだ夜遊びだと、キリギリス的に浮かれていたバブルの只中にふと、

「で、これからどうなるの？」

という思いが募ったのかもしれません。一九八九年十二月の第703号では、「'90年前半の恋と運命星占い。」という大特集が。星占いのみならず、「鬼谷算命学《きこくさんめいがく》で占う、どうなる？ '90年、恋とおしゃれ」といった新機軸の占いも紹介されています。

翌年の年末にも、来年を占う同様の特集が。さらに次の年には「'92年前半の恋と運命占い特集」となり、一年を前半と後半に分けて占う「恋と運命」特集が定番化したのです。

占いと同時期にアンアンが注目したのは、「運」でした。一九九〇年十一月の第750号は、「運のいい女、悪い女。」という特集。「運命は変えられます。いい運は自分の力でつかむ。」「いま欲しいのは、男運ですか？　金運ですか？」といったページが並びます。

やがてバブルが崩壊すると、アンアンは「占い」や「運」の方向に、どんどん傾倒していきます。占いで言えば、年に二回の定番となった「恋と運命」特集のみならず、「手相でわかる、あなただけの運命」、「血液型で性格と相性は、やっぱりわかる。」、「新・人相学入門」と、様々な占いの特集も。運に関しては、「上手な運のつかい方。」「あなたの運は、鍛えればもっと強くなる。」「与えられた運は逃すな！」「あなたはどんな、運を持って生まれたのか」「最新版　男運のつかみ方」等々、人生ほとんど運任せ、という様相を呈するようになりました。

バブル期、占いや運に注目した理由は、何となくわかります。物質至上主義が極まっていく中で、人々はふと不安になったのでしょう。目に見える全ての物は、いずれ滅びる刹那的存在。だからこそ、いつまでも変わることのない、目に見えない何かを信じたくなったのではないか。

そういえば、一九九〇年に発売されたユーミンのアルバム「天国のドア」のキャッチフレーズは「永遠をお探しですか。」でした。刹那的な世の中において、人々が本当に欲しているのは「永遠」であることが鋭く切り取られたこのアルバムは、バブル絶頂期とあって、日本で初めて二百万枚を超える売り上げとなりました。そして同年、アンアンの巻頭で始まったユーミンの連載エッセイのタイトルは、「永遠を探せ！」。

アンアンにおいて、目に見えないものを信じたいという感覚はバブル崩壊後にますます強まったわけですが、それもまたわかる気がするのです。物やお金に対する信奉が一気に崩れた時、頼りになりそうなものは、物差しでは測れない「運」。アンアンは、涙ぐましい節約の方法を読者に伝授しながらも、

「でもこの先、あなたにも素晴らしい運命が待ち受けているかもしれませんよ！」

と、希望を与えようとしたのです。

世の中全体も、バブル崩壊後に精神的なものに注目するようになってきました。吉本ばなな「アムリタ」、中島らも「ガダラの豚」といった、超能力や呪術といったものが登場する小説もヒット。かつてスプーン曲げのユリ・ゲラーが牽引したオカルト的な超能力ブームとは一味違う、超能力っぽいけどおしゃれっぽい雰囲気が支持されるようになってきたのです。

そんな中で印象的なのは、一九九四年四月の第918号。この号は、

「もっと知りたい、いま大ブームの不思議な能力と現象のこと。」

という特集です。パッと見て何の特集なのだかよくわかりませんが、それはこの頃、「スピリチュアル」という言葉がまだ世に流布していなかったから。ここで言う「不思議な能力と現象」とはつまりスピリチュアルまわりのあれこれを指すのであり、これはアンアン初のスピリチュアル特集なのです。

そしてこの時の誌面には、その後アンアンのスターとなる一人の男性が、初めて登場しています。その人物とはそう、皆さんもよくご存じの、あのお方……。

はじめてのスピリチュアル特集

一九九四年四月の、第918号。「もっと知りたい、いま大ブームの不思議な能力と現象のこと。」という少々まだるっこしいタイトルのこの号は、アンアン初のスピリチュアル特集です。そしてこの号でアンアン誌上にデビューし、その後「アンアンでスピリチュアルといえば」というスター的存在となったのが、江原啓之さん。

この号には、「林真理子さん、江原啓之さんの心霊対談　女性たちはなぜ、霊能者のもとへ通うのか。」という記事が掲載されています。今であればこの対談は「心霊対談」ではなく「スピリチュアル対談」というタイトルになったように思いますが、前回も記した通り、この頃はまだ「スピリチュアル」という言葉が人口に膾炙《かいしゃ》してい

No.918
1994年4月22日号

林　真理子さん、江原啓之さんの心霊対談

女性たちはなぜ、霊能者のもとへ通うのか。

霊能力に頼りすぎ、他力本願になるのは怖い。人生を切り開くのはあくまでも自分の意思。

守護霊とのコミュニケーションで得たものを伝え、死後の世界を証明するのが私の役目です。

林　真理子さん

江原啓之さん

「もっと知りたい、不思議なパワーのこと。」(No.918)／江原啓之さんのアンアン初登場。肩書きは霊能者で、林真理子さんと心霊対談。

ませんでした。

この時、三十歳そこそこの江原さんの肩書きは、「霊能者、心霊研究家」。林真理子さんは、

「1週間も前からドキドキして、指折り数えて待ってたんです（笑）」

と、この対談をとても楽しみにしていた様子です。

江原さんは、「見てもらいたい」という人が殺到して予約困難、という人気霊能者。私もこの頃、「江原さん、すごいらしい」という噂を聞いて、占いとも違うというその能力に触れてみたい、と思ったことを記憶しています。

対談の中でお二人は、守護霊、前世、オーラといったことについて語り合って

いました。バブル崩壊後、物質的な価値よりも精神的価値を重んじる雰囲気が強まってきていることも指摘され、

「洋服も要らないし、有名なんかにもなりたくない。ただ愛する夫と子供がいるような人生が欲しいの、でもそれが難しいのという……だからアドバイスが欲しくなる」

と、林さん。

堅実な生活をしたい。けれど先行きは不透明。だからこそスピリチュアル的世界に希望を求める人が増えたのではないか、という分析であるわけですが、この時のスピリチュアルブームの主体は、大人でした。子供達が飛びついたユリ・ゲラーの時の超能力ブームと違って、大人の実生活と密接に結びついたブームだったのです。

一九九五年には、オウム真理教が地下鉄サリン事件を起こしていますが、そのようなカルトな宗教が存在する一方で、アンアンが取り上げるスピリチュアルは、ライトでオカルト色が薄いもの。ユーミンや吉本ばななさんといった時流に乗っている人たちによる支持もあったため、おしゃれ感も漂っていました。

アンアンの同じ号では、ユーミンと横尾忠則さんが、

「誰もが与えられている不思議な力、その受けとめ方で運命は変わる。」

という対談を行っています。

たのでしょう。

「世の中に偶然ってない」

「観えないものに対して、ある意味でもっと謙虚にならなきゃ」

といった会話を読みつつ、読者は先の見えない現実の中に、別の世界を見ようとしたのでしょう。


この号の後、江原さんの肩書きは「スピリチュアル・カウンセラー」となり、アンアン誌面にもしばしば登場するようになります。「恋と運命」の占い特集にも登場し、「来年はこうなる」といったことを語ったりもされたのです。

この頃は、「世紀末」でもありました。当時アンアン読者だった人は、子供の頃に『ノストラダムスの大予言』(注：一九七三年に刊行され、ベストセラーになった本。「一九九九年に地球が滅亡する」といった予言が記されていた)に恐れを抱いていた世代。さすがに真剣に地球の滅亡は信じていなかったものの、来るべき二十一世紀に対するうっすらとした不安を、スピリチュアルというもので解消したいとも思っていたのではないでしょうか。


二〇〇〇年六月の第1219号、「恋と運命」の占い特集では、「霊能者・江原啓之先生の短期集中・強運レッスン」として、

「幸運な21世紀へラストスパート！　霊験あらたか、運の強化トレーニング。」

というページがありました。二十一世紀は二〇〇一年から始まったわけで、「新しい世紀には心機一転、幸せになりたい」

という読者の気持ちをがっちりと摑むページとなっています。

一九九九年の世界滅亡をまぬがれて無事に二〇〇〇年を迎えても、世の中は明るくなってはいませんでした。バブル崩壊以降、景気はずっと上向きになりませんでしたし、就職氷河期と言われる時代も続いていた。地下鉄サリン事件と同年に発生した阪神・淡路大震災が、暗い影を落としてもいました。

若い女性の世界に目を向ければ、この頃は晩婚化や少子化がどんどん進行していった時代。結婚したくないわけでもないのに結婚できないという人が、大量発生していたのです。

そんな時、アンアンで江原さんが教えてくれるおまじないは、女性達の心の支えとなりました。この時代の親達は、お見合いのセッティングなどしてくれませんから、ダウジングによる「片思いの彼に思いを通じさせるおまじない」をし、頑張って働いてもお給料は上がらないので、玄関に置いた植木鉢の中に「お金がこの家に入りますように」と念じながら五百円玉を置いたりしていたのです。

長引く不景気と、社会不安と、結婚難。自分の努力だけではどうしようもない問題山積の時代に登場した江原さんは、「心がけ次第で、人生どうにかなる」という希望を与えてくれた、まさに時代が求めたスターだったのでしょう。

木村拓哉さんの「好きな男」連覇伝説

「好きな男・嫌いな男」と言えば、木村拓哉さんが長年にわたって「好きな男」一位を守り続けた、アンアンの名物特集。「そういえば、ここのところ見ていないような気が……？」と思った皆さん。それもそのはず、この特集は二〇〇八年、木村拓哉さんが驚愕の十五連覇を果たした号を最後に、行われていません。

木村拓哉さんがこの特集で初めて一位を獲得したのは、一九九四年のことでした。SMAPは、一九九一年にCDデビュー。ジャニーズアイドルと言えば光GENJIが人気だった当時、SMAPは最初から大人気だったわけではありませんでしたが、次第にバラエティ番組やドラマなどで、メンバーそれぞれの魅力が開花します。九三年には、ドラマ「あすなろ白書」に木村拓哉さんが出演して話題となり、九四年には

「Hey Hey おおきに毎度あり」が初のオリコン一位となった中での、「木村拓哉一位」だったのです。

こうして木村拓哉さんの一位伝説はスタートしたのですが、「好きな男・嫌いな男」の特集自体は、もっと前から始まっています。その一回目は、一九八八年九月の第642号。この時の「好きな男」ベストスリーは、一位 田原俊彦、二位 東山紀之、三位 明石家さんま。ジャニーズ系が一位・二位を占めていますが、「嫌いな男」の四位には光GENJIがランクイン。彼等はジャニーズアイドルとはいえ、アンアン読者が好むおしゃれ感に、今一つ欠けていたのかもしれません。

その頃はまだ毎年開催されていたわけではなかった同特集、二回目は一九九一年に行われています。この時のベストスリーは、一位 織田裕二、二位 本木雅弘、三位 江口洋介。当時はアイドル冬の時代、かつトレンディードラマブームの渦中であり、〝トレンディー俳優〟達が目立つ結果となっています。ジャニーズ系でベスト二十に入っているのは、田原俊彦のみ。若貴ブームということで、四位には貴花田関（現・貴乃花光司）がランクインしているのが、異彩を放っているのでした。

一九九二年の一位は再び織田裕二、一九九三年の一位は真田広之。ちなみにこの年、SMAPメンバーとしては初めて、稲垣吾郎が十八位にランクインしています。

No.981（1995年8月4日号）／アンアン名物特集では木村拓哉さんが「好きな男」1位を守り続けた。

そして翌一九九四年冬、いよいよ木村拓哉さんが一位に。二位 織田裕二、三位 本木雅弘と、ドラマで活躍していた俳優達を抑えての、トップ奪取でした。

以降、木村拓哉さんの一位時代は、最終回の二〇〇八年まで続きます。その他のSMAPメンバー達も健闘していて、一九九七年には、一位 木村拓哉、二位 中居正広、三位 香取慎吾と、SMAPがベストスリーを独占。前年には「SMAP×SMAP」の放送も始まっており、SMAP人気は絶頂期を迎えていたと言っていいでしょう。

一九九九年には、二位に福山雅治が入ります。そしてこの一位 木村拓哉、二位 福山雅治というワンツー状態も、この後二〇〇八年まで不動のものとなるのでした。さらに言うなら一位 木村、二位 福山、三位 ジャニーズの誰か……というベストスリーの組み合わせが、一九九九年から二〇〇八年まで続くことになるのです。

木村拓哉、及び福山雅治人気の凄さがわかるこの結果ですが、同時にじわりと感じられるのは、アンアン読者層の年齢というものです。二〇〇五～六年頃には嵐の人気もブレイクしていましたが、二〇〇五年は二宮和也 十六位、二〇〇六年は二宮和也 十八位、櫻井翔二十三位……と、嵐のメンバーは最後までベストテンに入りませんでした。そしてこの結果は、アンアン読者の年齢層と関係しているのではないか、という気もするのです。

「好きな男・嫌いな男」が続いた時代は、世にネットが登場し、広まった時代と重なります。それは、ネットの躍進によって、若い世代が雑誌を次第に読まなくなっていった時代でもあるのです。

そして「好きな男・嫌いな男」において不動の一位・二位の木村拓哉と福山雅治は、それぞれ一九七二年と、一九六九年生まれ。彼等のファン層は、雑誌というメディアへの親和性がまだ高い世代と言うことができましょう。すなわち木村&福山の盤石ぶりは、両者の人気の高さの他に、「ファン達がアンアンとともに年をとっていった」ということをも表しているのではないでしょうか。

「好きな男」の代表格が木村拓哉さんなら、「嫌いな男」の「顔」は、出川哲朗さんです。一九九七年に初の一位となって以降、二〇〇〇年には江頭2：50にその座を譲ったものの、翌年には、

「(昨年は)『定位置を奪われた!』みたいな悔しさは、少しありました」

の声とともに、一位復帰。以降ふたたび一位を続け、二〇〇五年に一位となった時点で「殿堂入り」を果たして、次回からはアンケート対象から外れることに。「嫌いな男」もまた、人気者でないと高い順位をキープすることはできません。そして出川哲朗さんもまた、一九六四年生まれということで、若い世代とは言えないのです。

「好きな男・嫌いな男」でのランキングの変遷、と言うよりは「変遷の無さ」は、図らずも雑誌というメディアが置かれる状況を示すことになった気がする私。アンアンという雑誌そのものの在り方を考え直すために、この特集は終了する必要があったのでしょう。

〝女に好かれる女〟主義

No.800
1991年11月29日号

「好きな男・嫌いな男」の次は、「好きな女・嫌いな女」の話題と参りましょう。

「男」の方は木村拓哉さんの連覇などで世間的にも話題となっていましたが、アンアンは「女」のこともまた大切にしていました。古くは一九八五年から、「好きな女性タレントベスト20」といったアンケート調査を実施していたのです。

ちなみにこの時のベストスリーは、一位 小林麻美、二位 石原真理子、三位 戸川純。今はあまり名前を見かけない三人ですが、いずれも都会的で、体温が低そうなイメージです。この時代は、夜の六本木や西麻布が似合いそうな、アンニュイっぽい女性が支持されていた模様。

一九八九年には「イイ女・ヤナ女ベスト20」というものが発表されましたが、イイ女ベストスリーは、一位 浅野温子、二位 松任谷由実、三位 小泉今日子。バブル期とあって、一位の浅野温子の他にも、ベストテンにはトレンディドラマの常連達が顔を揃えます。ドラマの主題歌を多く歌ったユーミンは、まさに「イイ女」代表格としてアンアンにも頻出していましたし、キョンキョンのおしゃれさがアンアンで圧倒的支持を得ていたことは、以前も記した通り。

一九九一年からは「好きな女・嫌いな女」のアンケートが毎年のように行われることとなるのですが、ここではとうとうキョンキョンが一位に。二位 宮沢りえ、三位浅野温子となっています。

ちなみに「嫌い」の方には、順位は書いていないものの、松田聖子、工藤静香、中森明菜といった名前が並んでいました。非おしゃれ感やヤンキー感が、アンアン読者にはウケない様子がわかります。以降、好きな女のベストスリーを時系列順に並べてみますと、

'94年　①小泉今日子②鈴木保奈美③安田成美
'95年　①山口智子②小泉今日子③和久井映見
'97年　①江角マキコ②山口智子③小泉今日子

'98年　①中山美穂②小泉今日子③山口智子
'98年　①中山美穂②藤原紀香③山口智子
'00年　①中山美穂②松嶋菜々子③中谷美紀
'02年　①松嶋菜々子②中谷美紀③中山美穂
'11年　①綾瀬はるか②深津絵里③仲間由紀恵

こうしてみると、九〇年代に強さを発揮しているのは、やはりキョンキョン。二〇〇二年でも七位に入っているという息の長さで、その人気は、今も衰えていません。九七年には江角マキコさんが一位となっていますが、この頃の彼女は、まさに時代の「顔」だったのであり、当時のアンアンにも「いい女」の代表的存在として、しばしば登場しています。二位の山口智子さんもそうですが、堂々と自分の意見を主張できる感じ、かつ湿り気の少ないサバサバタイプが、この時代はウケたのです。長引く不況にも飽きてきて、大きな口を開けて笑う力強い女性に、皆が爽快感を覚えたのでしょう。

世紀をまたぐ頃になると、中山美穂、松嶋菜々子といったところが台頭してきます。おそらくは江角タイプからの揺り戻しで、女性らしいしっとり柔らかいタイプが見直されるようになったのではないか。ちなみに、最後に突然ベストスリーの顔ぶれが変わるのは、長らく中断していたこの企画を、なぜか久しぶりに復活させたからなのでした。

一方の「嫌いな女」を見てみると、それぞれの時代において、過剰な色気をアピールしたり、生きる上での策略に長けていそうだったりする女性達の名前が記してあります。八〇年代頃からナチュラルな女性が人気になる中で、非ナチュラルな女性や異性への媚態があからさまな女性は、同性に嫌われがちだったのです。

アンアンは時代とともに様々な表情を見せる雑誌ですが、一つだけ変わらないのは、「女に好かれる女」を目指しているということなのでした。異性から「可愛い」と言われることよりも、同性から「カッコいい」と言われることを重視してきた、と言いましょうか。

それは、女性誌の世界では新鮮な姿勢でした。主婦向け雑誌など、夫という異性に仕える女性のための雑誌、もしくは異性にモテるためのニュートラ・エレガンス誌などが目立つ中で、アンアンは時に黒ずくめの格好をしてみたり刈り上げてみたりと、異性ウケを無視した誌面作りにも積極的にトライ。「女に好かれる女がカッコいい」

「恋愛するより難しい。本当の友達がいますか？」

「カッコよくて、おしゃれで、スゴい女。最高の女をめざそう！」

といった同性視線を意識した特集も、折に触れて行ってきたのです。

もちろんアンアン読者も異性が嫌いなわけではなく、恋愛関連の特集も多々あることは今までも記してきました。しかし、異性から好かれるために自分の大切なものを犠牲にすることをよしとしないのが、アンアン。そんな姿勢が、「好きな女・嫌いな女」の顔ぶれにもあらわれていると言えましょう。

キョンキョンの例を見てもわかるように、同性からの支持が高い女性というのは、「長持ち」します。異性からの人気は一過的なものですが、同性が同性を好きになったら、彼女の生き方ごと、支持し続けるのです。「好きな男・嫌いな男」より目立たない特集かもしれませんが、「好きな女・嫌いな女」は、女性タレント達にとっては、案外重要な指針となったのかもしれません。

「人気者になりたい」けれど

No.1029
(1996年7月26日号)

一九九〇年代の後半がどんな世であったかというと、それはたとえば、「ギャル」の時代でありました。渋谷の街には、ルーズソックスの女子高生や、ガングロギャルが闊歩。安室奈美恵に憧れる「アムラー」も多かったものです。

安室ちゃんやｇｌｏｂｅ、華原朋美など、歌の世界では小室哲哉プロデュースの歌手が人気に。さらにはつんくプロデュースのモーニング娘。も登場して、「プロデューサーの時代」が到来したのです。

それは、「有名」と「非有名」との距離が近づいていく時代でもありました。有名プロデューサーの目にとまれば、昨日までの素人さんが急に人気者になることも可能。渋谷のショップ店員さんがギャル雑誌のカリスマモデルに……といったこともありました。アイドルやタレントは雲の上から下界へと降りてきたのであり、普通の人々も「私だって、ちょっと運が良ければ……」という気になることができたのです。

年齢的にもファッション的にもギャルとは異なる読者層を持つアンアンに、ギャルっぽい記事は見当たりません。が、「私だって、ちょっと運が良ければ……」という感覚は、アンアンにも影響を及ぼしています。

たとえば一九九六年の七月は、

「普通の女の子じゃつまらない、人気者になりたい！」

という特集。冒頭のページには、

「私たちがいま、いちばん嬉しいのは、『あの子は人気者』と言われること！『きれいな人』や『いい人』よりも、ずっとポイントが高い」

という文章があります。「美人」や「善人」よりも「人気者」の方が価値が上とは、聞き捨てなりません。「他者からの承認を得られれば、それでよし」という感覚は、アンアンがそれまで堅持してきた「自分がよければ、それでよし」という感覚とは相当、異なるものではありませんか。

この号では、「誰だって人気者の素質を持っている」と、読者に夢を与えようとしています。おニャン子クラブ等で素人をスターに押し上げる手腕を八〇年代から発揮

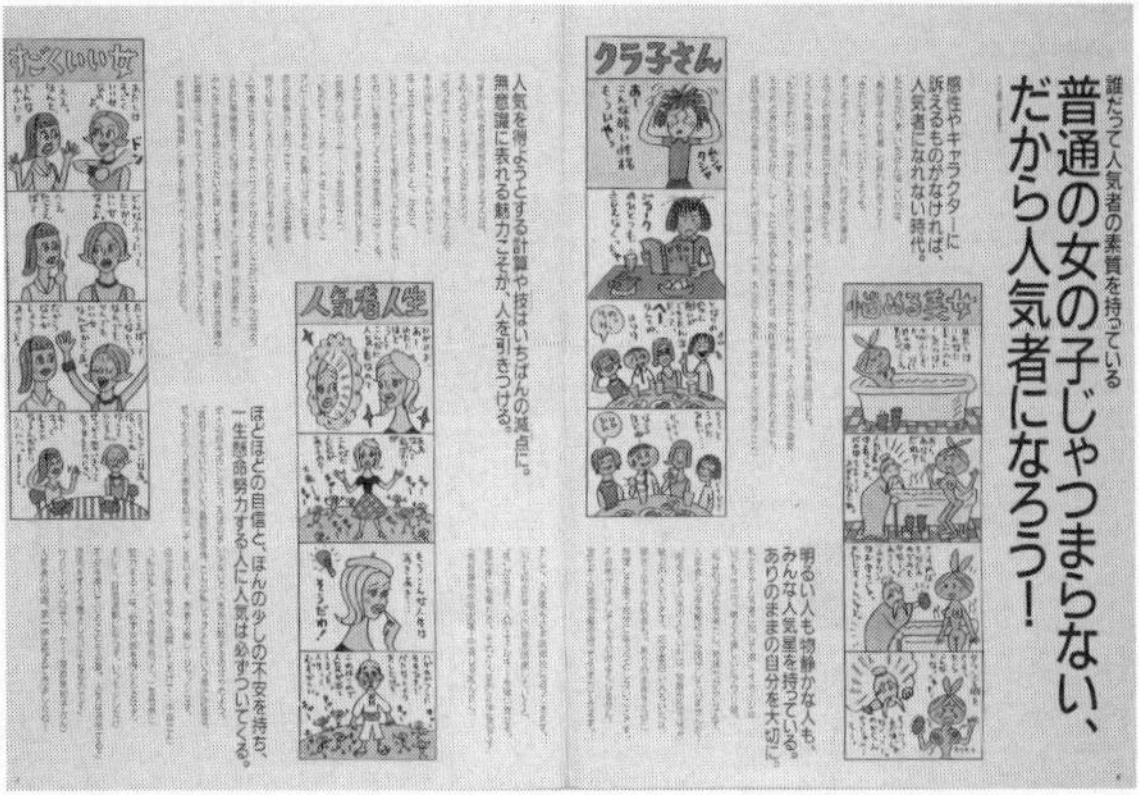

「普通の女の子じゃつまらない、だから人気者になろう!」(No.1029)／巻頭では著名人のコメントとともに、人気者の人生を4コマ漫画で紹介。

していた秋元康さんは、「『どうしたら人気者になれるの?』と悩むすべての女性のために、誌上レッスン」というページにおいて、「自分の好き嫌いを明言、NOを言う練習をしよう」「〝みんなと同じ〟に依存せず、自分だけのセンスを磨いて」といったアドバイスを寄せているのでした。

さらには、「一躍人気スターの座を射止め、公私共に順風満帆。女たちの羨望を一身に集める華原朋美さん」のインタビューも。「一生懸命探している間はなぜか見つからなかった」という人気や幸せが、ふとした時に小室哲哉さんと出会って、転がり込んできたというのです。この〝特にガツガツしていたわけではないのに人気者に〟という流れこそ、当時の理想的シンデレラストーリーであったと言えましょう。

「自分の価値を他者から認めてもらった人こそ、偉い」という感覚は、複雑な心境を女性達にもたらしています。この頃は「自分探し」という言葉も流行っていたのですが、「人気者になりたい」とか「見出されたい」という感覚が募るあまり、「本当の自分は、こんなもんじゃない」という気持ちが強まって自分というものが不安定になる、『自分』の迷走」が始まったのです。

たとえば一九九六年十一月の第１０４３号では、

「もっと自分を好きになろう！」

という特集が。「いまの自分が最高！　と思えたなら、毎日がどんなに楽しいだろう」ということで、どうも当時の読者は「自分」に対する自信が薄かった模様。前回、この時代に人気があった女性として江角マキコさんの名前が出てきましたが、この号でも「常に前向きな姿勢で、着実に自分を高めている江角さん」ということで彼女のヌード写真も掲載され、その堂々とした生き方が賞賛されているのです。

また一九九七年九月の第１０８５号では、

「もうひとりの私を探す。」

という特集が。その巻頭では、「あなたの中に隠された、『もうひとりの私』の探し方、育て方」という林真理子さんと江原啓之さんの対談が載っていたり、他にも、「あなたの中にも必ず眠っている、未知数に賭けてみよう」やら、「思い切ってヌードになってみたら、もうひとりの自分が見えてきた」やら、手段を選ばず「もうひとりの私」を見つけようともがくアンアンの姿が見えてきます。

さらには一九九九年一月の第1151号は「いちばん大切なのは、あなただけの自信の持ち方。」という特集であり、同年十月の第1185号に至っては「私って誰?」というところまで。かつての堂々と我が道を歩んでいたアンアンはどこに? という印象を受けます。

ふとした瞬間にプロデューサー的な人の目にとまって、

「君のような人を探していた。君はまだ、自分の本当の姿に気づいていないだけなのだ」

と、一気に人気者へ……というのが、当時の理想的な道のり。とは言うもののなかなかそうもいかないので、アンアン読者達は頑張って自分を好きになってみたり、自分を探したりしていたのではないでしょうか。

それは世紀末であったが故の「自分」の迷走だったのか。それとも出口が見えないパッとしない時代から、誰かに見出されることによって抜け出したいという欲求だったのか。……「人気者になりたい」「見出されたい」という感覚はその後、アンアンにおける恋愛面においても、影響を及ぼしていくことになるのでした。

愛されるための戦い

九〇年代後半、長引く不況によるパッとしない生活の中で、「誰かから見出されて重用されたい、寵愛を受けたい」という女性の欲求が強くなってきたわけですが、その感覚は恋愛面においても強まってきたようです。九〇年代の末になると、「愛されたい」というフレーズが、しばしばアンアンの誌面に見えるようになってくるのです。

たとえば、九八年十一月の第1142号では、

「もっと愛されるために、恋愛力を鍛えよう！」

という特集が。その後も、

「恋のチャンスは逃さない！　愛される体質になる。」

「〝男に愛される体〟になりたい！」

No.1240
（2000年11月10日号）

「〝愛される体〟と恋愛の密接な関係。」

といった、「愛され」関連の特集が続きます。

「見出されたい」「、「愛されたい」という文言を見てもわかるように、この頃のアンアンは、受け身なのです。それまでは恋愛面においても、愛されるよりは愛する、という姿勢だったのに、ここに来て急に「愛されたい」欲求が爆発とは、これいかに。

「愛され」は、かつては「JJ」「CanCam」等の赤文字系、およびそのお姉さん雑誌群で頻用される、一種の専門用語でした。彼女達は「女は愛されてナンボ」という感覚を生まれながらに持っていますので、愛されるための手練手管はお手の物。そしてそのようなテクニックを使用していると男性に思わせない、というテクニックすら自家薬籠中の物としていました。

対して、ニュートラという愛されファッションと決別して以来、アンアンは、「愛され」なくても自分でどうにかする、という姿勢をとってきました。赤文字系からしたら、九〇年代末になって突然「愛されたい！」と言い出したアンアンに対して「ど、どうしたの？」と言いたくなったのではないか。

アンアンの「愛され」系特集を見てみますと、やはり不慣れであるが故の挙動不審感を覚えるものです。

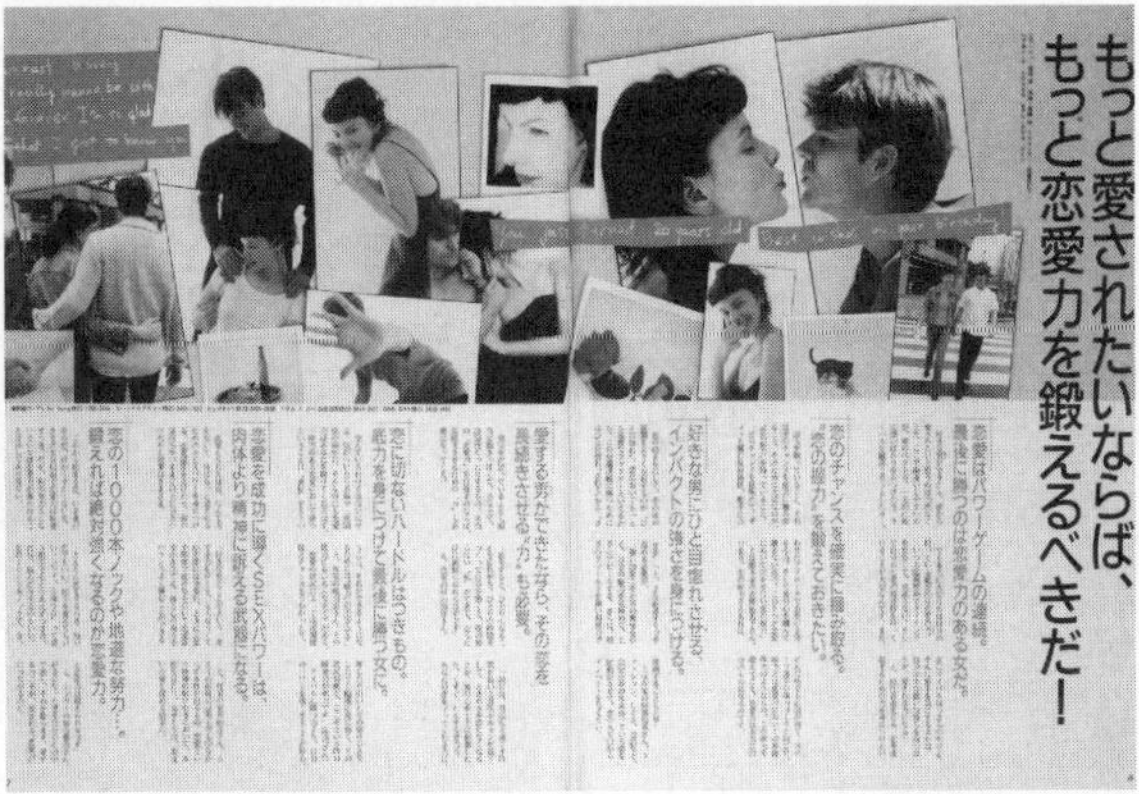

もっと愛されたいならば、
もっと恋愛力を鍛えるべきだ！

恋愛はパワーゲームの連続。最後に勝つのは恋愛力のある女だ。

恋のチャンスを確実に掴み取る。"恋の握力"を鍛えておきたい。

好きな男にひと目惚れさせるインパクトの強さを身につける。

愛する努力ができたなら、その恋を長続きさせる"力"も必要。

恋愛を成功に導くSEXパワーは、肉体より精神に訴える武器になる。

恋の1000本ノックや地道な努力……鍛えれば絶対強くなるのが恋愛力。

「もっと愛されたいならば、もっと恋愛力を鍛えるべきだ!」(No.1142)／赤い文字で並ぶ見出しには、恋愛へのモチベーションを高める言葉がぎっしり。

前述の「もっと愛されるために、恋愛力を鍛えよう！」という特集では、まず、「恋愛はパワーゲームの連続。最後に勝つのは恋愛力のある女だ。」「恋のチャンスを確実に摑み取る。〝恋の握力〟を鍛えておきたい。」「恋愛を成功に導くSEXパワーは、肉体より精神に訴える武器になる。」「恋の1000本ノックや地道な努力……。鍛えれば絶対強くなるのが恋愛力。」

といった文章が並んでいます。そこから受けるのは、やたらとしゃかりきになっている、という印象。「パワーゲーム」「最後に勝つ」「握力」「武器」「1000本ノック」などと、恋愛のことを戦争か試合か何かと勘違いしているきらいがあるのです。

しかし、恋愛を戦いにたとえている時点で、アンアンは既に負けています。「鍛えれば絶対強くなるのが恋愛力」とありますが、男性はギンギンに鍛えられた恋愛力で打ちのめされたいわけではありません。「戦う」ことは、「愛され」とは最も遠いところにある感覚だということに、アンアンは気づいていないのです。

ファッションでも仕事でもそして恋愛でも、アンアンは昔から「真面目に頑張る」という傾向を持つ雑誌。だからこそ「愛され」ということに関してもまた真面目に考え、頑張って努力すれば「愛される」ことも可能、という方向に行ったのでしょう。「愛される体」の特集においても、

「努力次第で誰でもラヴ・ボディは手に入れられる」

と、これまた努力を推奨しているのです。

しかし赤文字系の〝愛され雑誌〟を見ればわかるのは、「愛され」とはすなわち「陥れる」ということ。男性好みの外見や態度によっていつのまにか相手をおびき寄せ、外堀を埋めて結婚までもっていくという狡猾さを、いかにして狡猾と思われずに発揮するかを、その手の雑誌では説いています。彼女達もまた、決してはき心地が良くないストッキングをはいたり髪を巻いたりと人知れず努力はするものの、「頑張っ

ている」という姿は、相手には見せません。

とはいえアンアンが「努力をすれば、どうにかなる」という感覚を持つのも、無理はなかったのでしょう。世紀末の世の中では不況が続き、格差も目立つようになってきました。仕事も人生も、成功したか否かで「勝ち組」「負け組」などと区別されるようにもなった、シビアな時代。そんな中で「じっと待っていても誰かが目を留めてくれるわけではない」ということに気づいたアンアンは、得意技である「努力」や「戦う」ことによって、人生を切り拓こうとしたのではないか。

いよいよ二〇〇〇年になって、記念すべき1200号となった時の特集は、その名も、

「今年こそ、〝恋愛の勝ち組〟を目指すぞ！　『男が追いかけたくなる女』になりたい。」

という、これまたアグレッシブなものでした。ここでは木村拓哉さんが登場し、「追いかけずにいられない女」とはどのような人か、という質問に答えています。そこで、

「あんたなんか眼中にないわって感じの、依存心のない女に俺の狩猟本能はかき立てられるんだ」

という木村さんの答えを読んだ読者達はきっと、「あんたなんか眼中にないわ」って感じの態度を、努力して身につけようとしたに違いないのです。

恋愛レスと
セックスレス、
解決の糸口は?

2000

←

先行き不透明なまま突入した、二〇〇〇年代。
人々は「まったり」「スロー」な生活に、慣れていきます。

七〇年代の情熱も、八〇年代の沸騰も、今は昔。
様々な欲求のレベルが落ち着き、
地に足のついた生活を送る人が増えてきました。

そんな中、男性は女性より、一歩先を行くように見えました。
恋愛や性に対してガツガツしていない、
いわば未来型の男性が、増えてきたのです。

一方の女性は、どうだったのでしょう。
もちろんバブル期の女性のように、がっついてはいない。
けれど、女性が性愛に対して抱き続ける夢の像を、
男性達が受けとめることができない。

2000's

……そんな男女のズレから生まれるひずみが、
目立つようになってきます。

アンアンはそんなひずみに直面する女性を、応援しました。
同世代の日本の男性ばかりが恋愛や性愛の相手ではない。
もっと視野を広く持っては？
……と、読者を導いたのです。

そんな折も折、世の中にはスマートフォンが普及。
スマホがあれば、
一人でいても、誰かと繋がっていられる。
家の中だけでも、楽しく過ごすことができる。

電子機器をも味方につけることによって、
生身の人間に対する一種の諦念が、
この時代に生まれてきました。

二十一世紀は勝ち組に！

No.1222
（2000年6月30日号）

「プロデュースされたい」とか「愛されたい」とか、アンアンが頑張って受け身な姿勢を身につけようとしているうちに、二十世紀は次第に終わりに近づいてきました。日本の経済状況は相変わらず厳しく、一九九九年十一月の第１１９０号では、「こんなもんじゃないぞ、私の実力。満足できる仕事を探そう！」という、久しぶりの仕事特集が。そこには、「厳しい現実が与えてくれる絶好のチャンス。こんな時代だから、本当の〝満足〟を求めたい。」とありました。不況であるからこそ、本当に自分が欲している仕事をじっくり考えることができるのであり、それは、「〝仕事〟を通して自分探しできるいい機会」なのだ、と前向きな姿勢が見られます。

同時に、世の中ではどんどんデジタル化が進んでいきました。パソコンというものは、九〇年代の初頭にはオフィスに登場してはいましたが、まだ一人一台という感じではなかった。それがどんどん進化を遂げ、パソコンや携帯電話、デジカメといったIT系の道具は一気に普及。IT技術によって生活が激変しつつあったのがアラウンド・ミレニアムであり、二〇〇〇年の流行語の一つが「IT革命」でした。

アンアンにおいても、二〇〇〇年三月の第1206号で、

「大接近！　みんなのデジタル・ライフ」

という、初のデジタル特集が登場。「初公開！　小泉今日子さんの〝マイ・デジタル・ライフ〟」ということで、一年前からパソコンを使い始めたキョンキョンがどのようにパソコンを利用しているかが、紹介されていました。「毎日Eメールのチェックをするという小泉さん」「なかにはデジタルカメラで撮った画像を添付してメールをくれる友達もいるとか」といった文章を読むと、「そんな時代だったっけ」との郷愁が。

「おしゃれ業界の間で増殖中⁉　〝メル友の会〟交友録」というページもあって、おしゃれ有名人達がどのようなメールのやりとりをしているかが紹介されています。そういえば「メル友」っていう言葉、あったなぁ……。

このように、新しいものは積極的に取り入れるアンアン。二〇〇〇年十月には、「遺伝子が決める、あなたの運命。」という斬新な特集もありました。この頃は、「遺伝子」とか「ミトコンドリアDNA」といった言葉が一種のブームで、遺伝子によって性格や才能が決定される…といったムードが横溢。そんな中での遺伝子特集だったのです。

とはいえそれは科学的解説ではなく、心理テストで「性格遺伝子」のタイプを見つける、といったもの。アンアンが大好きな「運」や「運命」を導く一手段として、手相や占星術などと並列に遺伝子を並べてみた感じです。

二〇〇〇年代に入ると、アンアンのムードには変化が見られるようになってきます。世紀末は受動的な姿勢だったのが、次第にアグレッシブに。「勝ち組」「負け組」という、格差を示す言葉が流行っていたという事情もありますが、アンアンもまた、以前にも増して「勝ち」にこだわるようになってきたのです。

たとえば二〇〇〇年一月の第1200号は、前回もご紹介しましたが、

「今年こそ、〝恋愛の勝ち組〟を目指すぞ！　『男が追いかけたくなる女』になりたい。」

というもの。同年五月の第1216号では、

「恋に、仕事に、狙ったチャンスは逃さない。『強気な女』でいこう！」

と、単に「愛されたい」というよりは、自分からグイグイ行く感じに。

「プロデュースされたい」欲求にも、変化が見られました。同年六月の第122号は、

「華麗に変身！　自分をプロデュースするテクニック。」

という、つまりはセルフプロデュースの特集。自分の魅力に気づいた誰かが手を差し伸べてくれるのは、もう待っていられない、ということなのでしょう。

「自分で自分を変えなければ！」

と、読者を鼓舞しているのです。

セルフプロデュース特集に、アンアン常連の秋元康さんももちろん登場していますが、最も大きい扱いとなっているのは、ドラゴン・アッシュの降谷建志《ふるやけんじ》さん。

「ヒットを生むプロデュース哲学。闘意欲を忘れずに夢を追い続ければ、理想の自分にきっとなれる」

といった文、そして「哲学」に「ポリシー」と、「闘意欲」に「ファイティング・スピリッツ」とルビがふってある辺りに、この頃から漂いはじめたマイルドヤンキーの香りも感じることができるのでした。そういえばこの頃のアンアンの巻頭エッセイ

は、「326」と書いて「ミツル」と読ませる人が書いていたのだっけ……。

そうして、いよいよ二十一世紀。二〇〇一年の最初の号の特集は、その名も、「必ず〝勝ち〟を掴む『勝負する女』のルール」というもの。有名人達が「直筆・勝利宣言」を寄せていたり、「『勝ち』を掴んだ女たちが貫いた〝勝負ポリシー〟」「狙った男を必ず射止める、恋愛必勝・5つのルール」「仕事で〝勝ち組〟になる、2001年版・ビジネス・セオリー」といった文字が並ぶ、勇ましい特集なのです。

世紀末をやや消極的に過ごしたアンアンですが、ここにきてやっと、勝負への意欲が復活した模様。果たしてアンアンは、その勝負に勝つことができたのか……？

カフェでまったり、節約はしっかり

No.1300
（2002年1月30日号）

「勝ち組になりたい！」的な鼻息も荒く二十一世紀のスタートを切ったアンアンでしたが、そのやる気はそう長くは続きませんでした。誌面から漂う勝ち気は次第に薄くなり、

「あなたの好きなケーキは？　２００１年ケーキ白書『甘い生活』採点簿。」

とか、

「狭いからこそ、楽しいインテリア」

といった、地味目の特集が目につくように。

それもそのはず、この頃から時代は「まったり化」が進んでいました。ガツガツと積極的に外に出て行って「勝ち」を目指すのは疲れる。心身をすり減らしてまでお金

を稼ぎたいわけでもないし、楽ちんで快適なのが一番……というムードが広がっていったのです。

同時に進行していたのは、世の中のユニクロ化です。ユニクロのフリースがブームになったのは二十世紀末。二十一世紀になっても快進撃は続き、カジュアルでそこそこおしゃれな服が安く買えるというファストファッションブームが到来します。ファッションのみならず、「それほどダサくないものが安く買える」というユニクロ化現象が、様々な分野で進んでいったのです。

「楽なのが一番」という感覚は、仕事上でも広まっていたらしく、二〇〇一年十月の「仕事白書」という特集では、「充実した毎日を送れるかどうかは自分次第　派遣社員という仕事スタイル」というページも。「自分のライフスタイルに合えば、実はメリット大」という文章に、その後の派遣切り等のニュースを知る者としては「大丈夫か？」と思うのでした。

「お金をかけず、ストレスは避けて、まったりと」という気分は、かくして若者の間で急速に広がったのですが、たとえば二〇〇一年十二月には、

「増えています！　ルームシェアする生活」

という特集が。共用スペースにはＤＪのターンテーブルがあって皆で犬を飼う……

カフェ通の有名人のお気に入りは？
もっとおしゃれに、カフェを思いきり楽しもう！
丸山敬太さんと市川実和子さんは、"カフェ友たち"。
そういえば、居心地のいいカフェは好きな友だちと似ている。

「カフェを思いきり楽しもう！」(No.1300)／丸山敬太さんと市川実和子さんが、それぞれのお気に入りカフェを紹介。「カフェ選びは友達選びと似ている」。

といった、おしゃれなルームシェアライフが紹介されています。

二〇〇二年一月には、「完全保存版カフェブック」として、「カフェを思いきり楽しもう！」という特集が。「カフェ通有名人」として、丸山敬太さんと市川実和子さんが対談しているのですが、「なごめるのが基本ですよ」とのこと。そしてカフェはお酒もあるけれど、飲めない人も「カフェならお茶飲んでいられるから助かる」ということで、この頃からカフェブームは始まっていたのです。

平成の若者はお酒を飲まなくなったと言われていますが、居酒屋で揚げ物をつまみにして一気飲みして撃沈、的なスタイルは「昭和っぽい」とされるようになりました。カフェで身体に良さそうなものを食べてお茶を飲む、というのが平成スタイルなのです。

カフェ的なムードをおうちでも、ということで、この号には「旬のカフェスタイルにあなたの部屋をチェンジ。」というページも。「気のきいたメニューと演出が決め手、部屋でカフェ気分を味わうアイデア。」というページでは、美味しいコーヒーとバゲット、そしてワンプレートご飯……といったものが推奨されているのです。

そうなると「カフェを経営したい」という夢を持つ人も増えるわけで、この号でも「女の子2人が、夢だったお店を実現！　オープンするまでを密着ルポ。」というページが。そういえばシェアハウス特集に出ていた家はどれもカフェっぽかったし、家のカフェ化とカフェの家化が同時に進行していた模様です。

そんな世相を反映してか、この頃に目につくのは、内向きの特集です。

「自分の部屋をおしゃれにする　きわめつけアイデア」
「誰でもできる簡単手作りＢＯＯＫ」
「おもてなしアイデア完全ＢＯＯＫ」
「５００円クッキング」

……と、家の中にいるだけで事足りる特集がたくさん。基本的にお金はかけたくな

いわけで、二〇〇二年五月は、

「少ないお金で賢く楽しく暮らそう！」

という特集も。そこに見られるのは、

「お金をかけずにセンスで実現！　わたしスタイルのインテリア。」

「『どこで買った？』と必ず聞かれる、チープなおしゃれ徹底ガイド。」

といったページなのです。

バブル崩壊後に不景気がやってきた時も、アンアンでは節約特集が目立ちました。その時は、バブル崩壊直前まではしゃいでいた人達に急に節約させる、という無理矢理感と悲壮感が漂っていたものです。

対してこの頃は、不景気も長期化して既に常態となり、人々が「いつまでも右肩上がりなどということがあるわけない」と、日本の凋落《ちょうらく》傾向を受け止めていた時代。「無理せず、できる範囲内で楽しくおしゃれに」という感覚が皆にあるので、「チープライフのすすめ」となっても、悲壮感は漂いません。100円ショップも賢く利用して、安っぽく見えないインテリアを実現させているのです。

そんな中で二〇〇二年の十二月実施されたのは、「第1回ananスタイリング選手権」というもの。以前あった「おしゃれグランプリ」とほぼ内容は同じなのですが、

「おしゃグラ」よりもグッと肩の力が抜けている人が多い。「何を着ているか」よりも「どう着ているか」という工夫が問われているこの選手権、まったり時代にふさわしいイベントと言っていいのでしょう（ただしその後は続かず、もう一回だけ開催された模様……）。

スローライフとスローラブ

二〇〇〇年代、それは「カフェでまったり」の時代。二〇〇三年十月の第１３８４号は、その名も、

「気楽に生きるためのオキテ１５１」

という特集です。ここで「脱力系のヴィーナス」としてグラビアに登場するのは、深津絵里さん。「自分のスタイルや個性はあるのに、声高に主張して人を威圧することがない。がむしゃらな感じなどないのに、着実にキャリアを積んでいる」といったところが「脱力系美人」なのだそうです。肩に力が入った、いかにも「頑張ってます！」風の人は、この時代イケてないとされたのです。

真面目なアンアンは、「肩の力を抜くにもコツがある」と、この号で脱力の仕方を

指南していました。「頑張りすぎることの窮屈さにみんなが気づき始めた」、「本当の自分らしさは、自己肯定から始まる」といった文章がそこには並んでいますが、元々の体質的としてはしゃかりき系のアンアン（注：マガジンハウスにおけるまったり系女性誌としては同年、「クウネル」が創刊されていた）、頑張って「頑張らない」ようにしていたのではないかという不安も湧いてくるのでした。

そういえばこの頃、それほど頑張ってはいないように見える人までが、

「頑張らなくていいんだよ」

「そのままでいいんだよ」

などと言われたがっていたものです。SMAPの「世界に一つだけの花」が大ヒットしたのも、この年。これもまた「そのままでいいんだよ」ソングであったが故に、人々の心をグッと捉えたのです。

この頃流行っていたもう一つの言葉は、「スローライフ」です。大量生産、スピードアップ……といったことに疲れた人々が、「スロー」という言葉に惹かれたのでしょう。この号のアンアンでも脱力系美人のスローライフ、というものが紹介されており、篠原涼子さんが「家で植物にお水をあげるのが好き」などと語っておられます。着るものはファストファッションでもよいけれど、生活はスローで……ということ

で、同年1386号の恋愛特集においては、「いつのまにか友達から恋人へ……。スローラブの掟を徹底研究！」というページも。「ただの男友達だったはずが、気づけばかけがえのない人になっていた……。のんびりゆっくり愛を育む、スローラブという恋のカタチに注目」とありました。

恋愛でも、頑張らずにまったりと、という気分がそこには感じられるのですが、前出の「気楽に生きるための……」号においても、「自分を解放してくれる恋愛がいちばん心地いい」というページがありました。そこには「ありのままの自分が、もっと好きになれる」とか、「ノーメイクでも大丈夫！」とあって、つい数年前まで恋愛の勝ち組を必死に目指していたのが嘘のよう。

しかしアンアン読者は、「スローラブこそ生きる道」と安心するわけにはいきませんでした。さきほども書きましたが、アンアンは脱力のやり方もつい指南してしまう、しゃかりき系体質を持つ雑誌。脱力特集のすぐ後には、「愛され体質になる技術122」「自分のブランド力を高める！」「'04年こそ恋愛感度を強化する！」「自分パワーをUPさせる159の法則」「人生の一発逆転を狙う！」等々、読者の焦燥感をあおるかのような特集が目白押しなのです。

草食男子という言葉が世に出てきたのは二〇〇六年頃ですが、ということは男子の草食化はもっと早くから始まっていたということ。女性に対して腰が引け気味の男子に対して「スローラブ」などと悠長なことを言っている場合ではない、ということにもアンアンは気づいていました。

手前味噌となって恐縮ではありますが、二〇〇三年〜二〇〇四年にかけては、「三十代以上・独身・子無し」を指す「負け犬」という言葉も流布《るふ》。独身のまま何も手を打たずに三十代、という人が大量にいることがわかったのです。この頃、アンアンでも何度か負け犬関連のページが見られるのであり、「ぼーっとしているだけでは、女性は結婚できない」という認識も、広まりました。

男子の草食化と、負け犬化への恐怖。「カフェでまったり」の時代であるにもかかわらずアンアン読者達がのんびりしていられなかったのは、これらのせいなのでしょう。しゃかりき系、かつ非モテ系の女性誌であるアンアンにおいては、まったりしているフリをしつつも、水面下では頑張って自分を高めたり、頑張って恋愛相手を探したりしなくてはならなかったのです。「そのままでいい」なんて、夢のまた夢……。

二〇〇四年七月の第1421号は、「スロー」や「まったり」とは無縁なイメージの藤原紀香さんが表紙で、「女ヂカラ強化塾」というコピーが躍っています。この時代、まだ「女子力」という言葉が無かったからこその「女ヂカラ」なのだと思うのですが、確かに紀香さんは女子力と言うよりは女ヂカラが強そう。この号では、紀香さんに学ぶ他にも、「母性を磨け」とか「ラテン系を目指せ」とか、「どっちなんだ」と言いたくなるような正反対の指針を提示。「頑張らなくていいんだよ」とすぐ言われる時代であるからこそ、アンアンもどのように頑張っていいのかわからなくなっている印象を受けるのでした。

欲しいのは幸せオーラ

No.1562
（2007年5月30日号）

二〇〇〇年代は、恋愛難の時代。アンアンでもその状況を受けて、恋愛特集がぐっと増加します。たとえば二〇〇五年五月の第１４６３号からの特集タイトルを並べてみますと、

「２００５年後半　あなたの恋と運命を占う」

「〃運命の恋〃の手に入れ方」

「愛される女の極意」

……と、恋愛ものばかり。ファッションはどうしたのだ？　旅は？　仕事は？　……と、過去のアンアンを知っている者としては、言いたくなってきます。

ちなみにこの頃、「ａｎａｎ流　超健康生活」という特集があって、そこには、

「20代から老化は始まる⁉ 後悔しないための、アンチエイジング生活」というページが。この頃からアンアンは、年齢のことを気にするようになってきます。

恋愛特集においても、同年八月の第１４７３号では、「大人の恋愛講座」というものが。その二号後は、「ルックスを3歳若くココロを3歳大人にする方法１０３」という特集。毛穴、たるみ、くすみ、シワ……といった現象にどう対処するかを指南しつつ、

「少女のかわいらしさと大人の成熟。ＹＯＵみたいな人になりたい！」

ということで、ＹＯＵさんがグラビアに登場しているのです。

かつてのアンアンで、この手のアンチエイジングに関する特集を見ることはありませんでした。若者向けのファッション誌ということで、メイクの特集はあっても、毛穴、たるみ、くすみ、シワまでは気にしていなかったのです。

そんなアンアンがアンチエイジングを語り始めたのは、一つに「女は老けたら負け」という風潮が強まったせいでしょう。日本人の平均寿命が伸び、特に女性は簡単に老けてしまったら、おばさん&おばあさん期間ばかりが延々と続いてしまうということで、「いつまでも若く」というプレッシャーが、あらゆる世代の女性に押し寄せ

たのです。

アンアン世代においては、恋愛や結婚のために、若くあり続けなくてはなりませんでした。前述の通り、世は恋愛難時代。そう簡単に恋人を見つけたり結婚したりはできなくなり、平均初婚年齢も上昇していきます。となると女性の中では、恋愛をするために「老けてはならじ」という思いが強くなってくるわけで、アンアンもアンチエイジングに手を出さざるを得なくなってきたのではないか。

実際、「ルックスを3歳若く……」の号では、

「本当のところを教えて!!　男にとって女の年齢とは？」

という焦燥感たっぷりの質問が、山下智久さんと山崎まさよしさんに投げかけられていました。アンアンの意図としては、若者男子と大人男子のそれぞれに、「素敵な女性であれば、年齢なんて関係ありませんね」と言ってもらいたかったのだと思うのですが、それは、アンアンが年齢というものをいかに気にしているかのあらわれでもあったのでしょう。

読者の年齢も、以前よりは少し上がったものと思われます。出版不況は二十世紀末から始まり、特に若者達はネットに夢中で雑誌から離れていくように。結果、次第に雑誌は大人のメディアとなっていき、アンアンにおいても読者年齢の上昇傾向が見ら

れたのではないか。二〇〇七年の「カッコいい大人への近道」では岸惠子さんまで登場していますし、翌年一月の「いま愛されるのは〝大人かわいい〟女」では、「キュートな30代が急増中の理由」が解明されているということで、若者というよりは、アラサー向け特集が目につくように。

年齢を気にしつつ、恋愛のことばかり考えている。……ということで、極めて負け犬っぽい雑誌であった、この時代のアンアン。恋愛をするためには、前にも増してなりふりかまっていられなくなりました。昔から占いやら運命やらに恋愛を託すという、「恋愛も神頼み」というところがありましたが、ここにきて登場した新手法があって、それが「オーラ」です。

二〇〇三年六月の「幸せオーラを私のものに！」という特集が、アンアンにおける「オーラ」初出。

「松田聖子がアンアン初登場！　私だけに教えてほしい！　究極の幸せオーラの秘密」

「もっとハッピーな自分になれる、オーラ増強1weekカレンダー」

といったページが続くのですが、オーラ関連の記事がぐっと増えたのは、二〇〇五年になってからでした。九月の「ａｎａｎ流　電撃的恋愛のススメ〝恋に落ちる〟技術」特集では、「江原啓之さんの特別レクチャー　恋愛力を強化するための、集中オーラトレーニング」が。その後も、「オーラ大研究『オーラがある女』と言われたい！」「江原啓之さんスペシャル‼　オーラのすべてに答えます」「ハッピーオーラの磨き方」「〝美人よりモテる〟オーラを身につける！」と、オーラ特集が目白押しです。

この背景には、二〇〇五年から放送されて話題になったテレビ番組「オーラの泉」があります。美輪明宏さんと江原啓之さんが有名人ゲストのオーラを見ておしゃべりをするというこの番組は、おおいに話題になったものでした。

よくわからないものではあるけれど、心がけ次第でオーラは磨くこともできるらしいし、容姿がイマイチでもオーラさえあれば、恋愛だってうまくいくかもしれない。……ということで人々に希望を与えた、オーラ。果たしてオーラで、恋は実ったのか……？

恋に効くSEX

アンアンとオーラはなぜ相性が良かったかというと、二〇〇七年十二月の第1589号「〝美人よりモテる〟オーラを身につける！」にもありますが、それが「誰もが手に入れられる魅力！」だからです。

美貌やスタイル、経済力にセンスといったものは、努力でどうにかなる部分もあるけれど、努力だけではどうにもならない部分も大きい。しかしアンアンにおいて、オーラは努力次第でどうにでもなる、とされていました。

二〇〇六年三月の第1505号「『オーラがある女』と言われたい！」では、

「放っておけばオーラは枯れる。努力は惜しむべからず」

「女のオーラが輝く時期は人それぞれ。誰だって、必ずその機会は訪れる」

No.1220
(2000年6月16日号)

と、「頑張り次第で、誰しも輝く時がきっとくる」と、読者にハッパをかけています。1589号では、「モテる女は『オーラ』『内面』の時代へ」とも書いてあり、オーラでモテようともしている、アンアン。頑張ってオーラさえ身につければ外見なんて……と思うことができる、それは画期的な手法でした。

アンアンがオーラに寄っていった二〇〇〇年代後半は、「モテたい」気持ちが止まらない時代でもありました。非モテ誌・アンアンが、プライドを捨てて「モテたい！」と言い始めてから久しい時が経つわけですが、男性の草食化が進むこの時代にアンアンが定義した「モテ」は、以前の「モテ」とは意味が違っているのです。

たとえば二〇〇五年六月の第1465号は「愛される女の極意」という特集なのですが、「ハッピー&ポジティブ。愛される女の極意がいま明らかに」などというページがあったり、「いま最も〝愛される〟女性」として仲間由紀恵さんのグラビアがあったりする中で、

「待ってるだけでは始まらない。進んで愛する女こそ最強カード」

というページが。

愛されるための極意を教えてくれるのかと思ったら「自分から愛せ」だなんて、矛盾してるんじゃないの？　……と、読者なら思うところでしょう。しかし、時代はす

でにそこまで来ていたのです。待っているだけで男性が寄ってくるかも、などとムシのいいことを考えている場合ではなくなりました。

また同年十一月の第1489号は「モテキャラ新時代」という特集で、米倉涼子さんがグラビアを飾っていますが、そこでも、「待っていてもモテない。自分から近づく努力が大切！」と、積極性が重視されている。モテとは「男性から近寄ってくる」ことだと思っていた人は、自らが思っていたモテがもはやモテではないことに、ショックを受けたことでしょう。

実際、この号では「モテのツボ」の新旧を比較しています。女性からのアプローチ法については「デートしたい気持ちだけは明示」するのはもはや古く、今や「最後の一線直前まで男をアテンド」することすら、「モテ」。セックスに関しては、「攻めすぎ」や「カマトト」は人気薄で、ピチピチよくはねる「活きのいいマグロ」がモテる……のだそう。

すなわち「男性が自ら寄ってくること」は古き良き時代の「モテ」なのであり、この時代は男性との交際やセックスが成立するだけで、もう「モテ」なのです。そのためには、あとは男性が手さえ動かせばいいところまで、自分から近寄っていかなくてはならないと、アンアンは教えてくれました。

となるとセックス特集も当然、変化します。アンアンのセックス特集といえば、「セックスできれいになる。」ですが、この特集は二〇〇〇年六月の第1220号を最後に、姿を消しました。かつては3PやSM、はたまた風俗嬢ばりのテクニックまで伝授していたこの特集ですが、「攻めすぎ」はNGという時代には、フィットしなくなってきたのでしょう。

その代わりに登場したのは、「恋に効くSEX」(二〇〇五年十月、第1481号)。「セックスできれいになる」は、誰とでもセックスしてよいというわけではなかったものの、かなり冒険的なセックスへの誘いをも含む内容だったのであり、セックスに求めたのは、愛でも結婚でもなく、「きれいになる」という機能性。

対して「恋に効くSEX」は、「好きな男とじゃなきゃ価値はない。体で恋する、HAPPY SEX!」と、まず宣言。機能性より相手との関係性を重視し、恋愛をより深化させるためのセックス、という位置づけとなりました。

ところが、「セックスできれいになる」の時代とは異なり、この頃のセックスは、自分がしたいからといって、そう簡単にはできないものに。当然この特集でも、「ヤる気のない男もその気に! 女からベッドへ誘うテクニック」

が解説されています。

そういえばアンアン創刊当初、「抱かれる女から、抱く女へ」というスローガンが存在しました。それは、セックスしたくてたまらない男の言いなりになってただ「される」のでなく、自分の意思でセックスを「する」のだ、という意味を持っていた。

しかし二〇〇〇年代、「したくてたまらない」男性は減少。放っておいたらセックスなどできないので、女性から仕掛けなくてはならなくなったのです。自分から愛して、自分から「抱く」というのはアンアン創刊当初からの基本姿勢ではありましたが、一九七〇年代と二〇〇〇年代で、その背景はずいぶん変化したと言うことができましょう。

セックスレス時代の、ひとりH

「きれいになるためのセックス」から、「恋のためのセックス」へ。その背景には、性欲の時代からセックスレスの時代への変化を見ることができます。

二〇〇五年十月の第１４８１号は、「セックスできれいになる」が終了後、初めてのセックス特集かと思われますが、そこではすでに、「原因別に探る！　セックスレス脱出法」というページがありました。「ヤる気のない男もその気に！　女からベッドへ誘うテクニック」というページには、切実感がこもっています。

それだけではありません。いくらアンアンに言われたからとて、「ヤる気のない男」を自分から誘うことができるのは、一部の勇気ある女性。自分からはちょっと……と

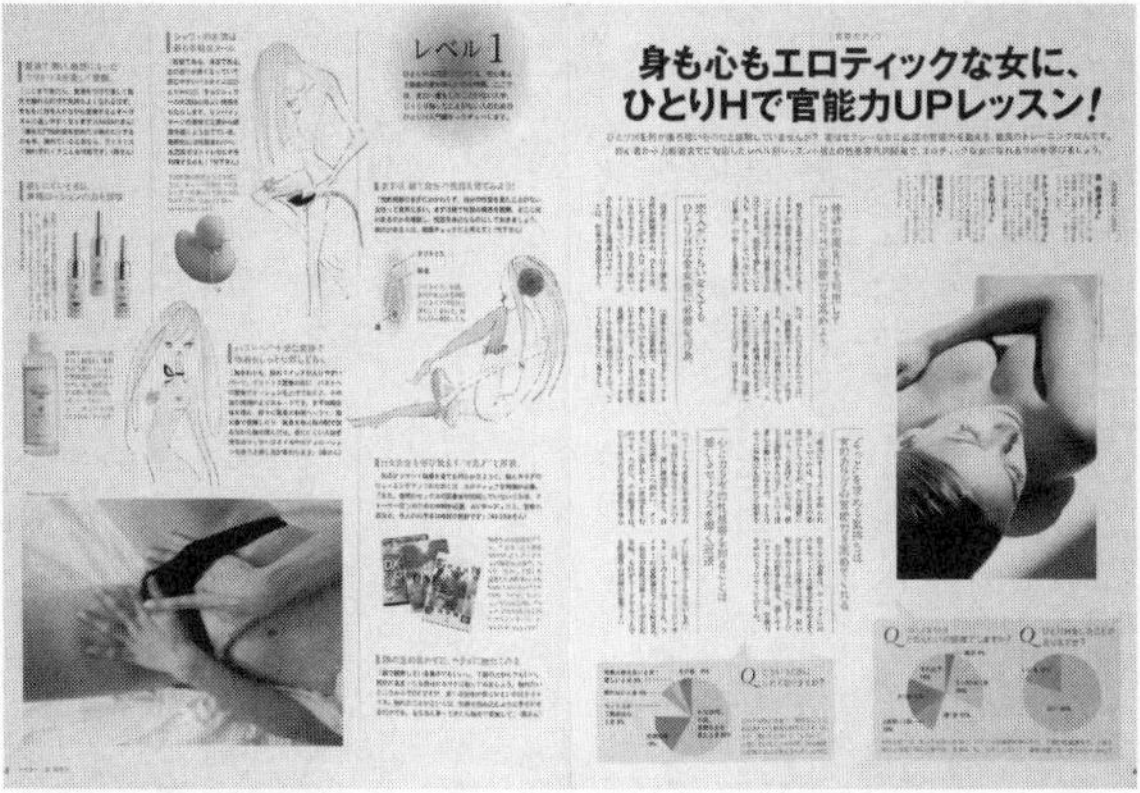

「ひとりHで官能力UPレッスン!」(No.1597)／「ひとりH」は自主トレで、レベル別に3段階。最後は彼とする「共同開発」。懇切丁寧に解説。

いう女性達のために、アンアンは自慰行為のハウツーを読者に授けるようになったのであり、同号においても、

「リリー・フランキーのカメラがAV界のトップ・夏目ナナに迫る！　気持ちよさをとことん追求！　女性のための〝ひとりH〟教本」

という「特別とじこみ」がついているのです。

二〇〇八年二月の第1597号でも、「ひとりHで官能力UPレッスン！」というページが。この時「ひとりH」は、官能力をアップするため、すなわち異性とのセックスをよりよくするための自主トレ的な位置づけをされています。が、それはおそらく、女性達に躊躇なく「ひ

とりH」をさせるための方便。実際はセックス不足による性欲不完全燃焼を解消するための「ひとりH」だったはずです。

二〇〇八年八月の第1621号のセックス特集においても、「気持ちよくって、キレイになれる。最強マスターベーションのススメ。」というページがありました。「イク感覚をつかんで、感じやすいカラダになる」ためとか、「カラダのことがよくわかり、体調のバロメーターにも」とか、「リラックス、ストレス解消効果で、キレイに」などと、「欲求不満解消のためじゃありません」という言い訳をしきりにしつつも、「性欲をうまくコントロールできるようになり、リスクも回避」という、本音の部分もちらり。

ここでは、ローター、バイブ、そしてAV業界で流行していた電気マッサージ器等、グッズも色々と紹介されています。さらには「女性のためのオカズたち」として、女性向けのAVなども紹介されているのでした。

アンアンのセックス特集においては、「セックスできれいになる。」の時代から、ジャニーズのアイドルや人気俳優のヌード写真が掲載されていました。この号では豊川悦司さんによる官能小説の朗読CDが付録だったのですが、これもまた「オカズ」として提供されたものと思われます。

二〇〇九年二月の第1647号のセックス特集においても、「女ひとりでポルノの悦び」ということで、官能小説やら「ひとりHトレーニング講座。」やらが。セックス特集における「ひとりH」に関する記事のボリュームがどんどん増えつつある中、同年八月の第1670号では、とうとう「ananプロデュース LOVE DVD Girl's pleasure」という付録がつくのでした。人気AV女優が、自分から誘うように恋人といちゃついてセックス……というこのDVDは、女性の観点からつくられています。向井理さんの「繊細なイメージを覆す大胆で、奔放な裸体」のグラビアとともに、〝オカズ〟感満載のセックス特集なのです。

付録のDVDは、世間でも「女性誌の付録に、AVまがいのDVDが！」と、おおいに話題になりました。以降、アンアンのセックス特集でDVDは、定番の付録となるのです。

同時に、セックス特集での「ひとりH」のコーナーも、質量ともにどんどん充実。しまいには、「ひとりHのある人生は、ない人生の1000倍楽しい！」（二〇一三年八月、第1868号）

などと、自慰行為に対する躊躇や恥じらいは全く無くなってきます。そこでは、

「性欲と性交欲は違います」

と開き直り気味の文章があったり、

「充実オナニーライフのためにはおかずデパートを充実させよ」

と、読者の尻を叩いてみたり。

男子の草食化の進行とともに、セックス特集以外の時にも、明らかに〝オカズ感〟のあるページが増えてきました。二〇一〇年一月の第1693号は「オトコノカラダ」という特集ですが、トップを飾るのは、嵐・櫻井翔さんのヌード。尻の割れ目まで披露するギリギリショットの数々に、ファンの皆さんはグッときまくりだったはずです。

この号には、「妄撮男子」というグラビアも載っていました。「妄撮」とは、もともと男性誌のグラビア企画で、着衣の女性の写真の一部に破いたような加工を施し、下着や肌が露出している、という〝態〟の写真。「もしこの子を脱がせたら」という男子の妄想を撮るという意味での「妄撮」です。

そんな、「グラビア界を震撼させた〝妄撮〟が、遂に『男子版』で女性誌に初登場!」となったのが、この号。花屋さん、メガネのサラリーマン、バーテン、荷物を運ぶ引越し屋さん……と、様々な職業に扮した男性が、乳首やら腹筋や背筋を破れ目から覗かせているのです。

アンアンは昔から、自らの欲望に忠実な雑誌ではありました。が、このように「男が草食なら、こちらはこちらで」と頑張る姿勢は、いじましくすらあります。そして「オトコノカラダ」や「妄撮男子」特集は、いじましい女性達のために、その後も続いていくのでした。

サヨナラ草食男子！

「ひとりH」の道へと進んでいったアンアンではありますが、しかし異性とのセックスを諦めたわけではありません。セックスの足りない世において、いかに男性とセックスをするかは、アンアンの重要なテーマであり続けたのです。

この時代のアンアンのセックス特集では、「ひとりH」と「セックスレス対策」は、セット化されています。たとえば二〇〇八年八月の「最新版　SEXで恋はもっととき めく！」では、「気持ちよくって、キレイになれる。最強マスターベーションのススメ」の後に、「なぜ増えてる？　どうしたら解決？　解明！　セックスレス最新事情。」というページが。

そこには、

「男たちが選ぶのはセックス『する』快楽より『しない』快楽？」

「据《す》え膳を食えず、見て見ぬふりをする男性が急増中」

「AV&エロ雑誌の影響でリアルセックスでは興奮できない体質に……」

と、絶望的な文章が並びます。そして、「彼を傷つけないように自信を与えてあげましょう」とか「実際のセックスの楽しさを教えてあげましょう」といった、幼稚園児の指導法のようなことが、対応策として書いてある。

翌年八月の「響き合い、感じ合ういちばん幸福なSEX」は、特別付録として〝オカズ用〟エロDVDがついている号ですが、ここでは、様々なセックスの悩みが取り上げられています。その中には、「今、カップルの悩みの75％がセックスレス。さあ、どうする⁉」とありましたし、セカンドバージン状態の人も多いとのこと。セックスレスの原因はストレスにあるということで、「シチュエーションを変えてセックスするなど、リフレッシュによるストレスの軽減が効果的」と医師はアドバイスを寄せていますが、果たして効果はあったのか……。

ひとりHか、セックスレスか。……そんな状況下で、アンアンは健気に努力を重ねています。同年十二月の第1687号は髪型の特集なのですが、そのすぐ後に唐突に、「完全保存版　膣《ちつ》トレーニングBOOK」というページが。

「これは……、何？」と思えば、「膣子ちゃん」という名前のキャラクターが「私がナビゲートします」と登場し、「実践した〝anan膣トレ部〟メンバーも効果を実感！」と、膣トレをおおいに押している。

その「効果」とはどのようなものかというと、「オーガズムを得やすくなる！」「女性としての自信がつき、色気が出る！」「尿モレや子宮脱防止になる！」といったもので、anan膣トレ部員達も、「始めて3日で、中イキを体験！」とか「H嫌いの彼と一緒にイケた！」といった喜びの声を寄せているのです。

膣トレすると、こんなイイことが!
WHAT IS 膣トレ?
感度がアップして、しかもキレイになれちゃう!?
これからの女力アップのキーワードは"膣力"!
膣トレーニングBOOK
完全保存版
実践した"anan膣トレ部"メンバーも効果を実感!
私がナビゲートします!
メンバーの彼氏たちからも、驚き&喜びの声が!

「完全保存版膣トレーニングBOOK」(No.1687)／膣子ちゃんが､「女力アップのキーワードは〝膣力〟!」と笑顔で。

中年女性向けの雑誌では、尿もれ防止策として、骨盤底筋を鍛えるこの手の運動がしばしば推奨されています。が、アンアンの場合、尿もれを心配するにはちと早いわけで、主にセックスが目的のトレーニングということになる。とある膣トレ部員は、膣トレをして膣を自由に動かせるようになり、「彼がピストンをしなくても気持ちよくなってくれたんですよ」「ついに名器ゲット！」と、喜んでいました。

膣トレ部の人達は、いざセックスとなった時、男性をなるべく気持ち良くさせてセックスレスに陥らないよう、さらには「彼がピストンをしなくても気持ちよく」なれるよう、膣トレを頑張ったのです。「挿入さえしてくれれば、あとは動かなくてもこちらで何とかします」というその姿勢は、涙ぐましくすらある。

しかしそんな膣トレが、もともとセックスの機会に恵まれない人の悩みを解消したかは、疑問です。膣トレをすれば「色気が出る！」とはいっても、草食男子の静かな性欲に点火できるほどの力が、骨盤底筋の強化によって身につくとは、どうしても思えない。

やはり膣トレにいくら励んでもセックス不足の解消にはならなかったらしく、アンアンは二〇一〇年の十一月、とうとう、

「サヨナラ草食男子！」

という特集にうって出るのでした。今まで、「ちょっとオシャレでガッツいてなくて、人当たりもいい」という草食男子を、「理想の恋人を体現したような」存在として見てきた。けれど、「幸せな恋を望むなら草食男子にサヨナラしよう！」と、ついに決心したのです。

調べてみると、草食男子にも性欲はあるらしい。ということは、「同じ部屋に泊まってもセックスしない」的な現象は、単にその女の子に興味がないことを意味するだけ。草食だと思っていた男子は、「気をもたせたら悪いから泊まらない」という気遣いもできない男でしかなかった……ということに、ついにアンアンも気づきました。草食男子の性欲を何とかしてかき立てるという方針から、草食男子と、否、「自分に興味がない男」とは別れよう、という方針に転換したアンアン。私はそれを読んで、老婆心ながらホッとしたものです。

とはいえ草食男子と決別したことでセックス不足が解消されたのかといったら、やはりそうではありませんでした。二〇一二年二月の第1795号では、「アラサー女子〝SEXごぶさた〟問題。」というページが。それも、「それって何か不都合ありますか？」と、開き直り気味で、遅ればせながら女子も草食化の道を進みだしたようです。

三十代未婚女性の五人に一人は処女、といった事実も紹介されるこの特集。最後は、〝他人と比べず、自分なりに捉えましょう〟的にまとめている辺り、既に恬淡《てんたん》の域に入った感アリ。アンアンよ、このまま「自分は自分」と、セックスを諦めてしまうのか……？

年下、バツイチ、韓国。恋愛流浪の旅へ

「草食男子にサヨナラしよう！」はいいけれど、サヨナラしてからどうするのだアンアン。……ということが気になってこの時代のアンアンを眺めてみますと、恋のお相手やセックスのお相手を求めて、流浪の旅が始まったことがわかります。アンアン読者と同世代の男子は、草食。であるならば……と、他のジャンルを探すべく、アンアンは旅立ったのです。

たとえば、二〇〇九年十一月の第1683号は、

「年下の男」

という大特集で、サブタイトルが「抱きしめたい。その魅力。」。「U-21限定」としてありますので、二十一歳以下の男性芸能人が多数紹介されています。

ここでは、同世代にいつまでも望みをかけるな、ということで、「年下彼って、こんなにイイです！」

といった体験談も語られています。とはいえ彼等が年上の女を相手にするのかしら、という悩みには、「僕たちが年上女性を好きな理由。」というページで対応。U-21の若者達の裸体を舐めるように写すという「LOVE PARTSなぜ、彼らのディテールはこれほどまでに美しいのか。」という〝オカズ〟ページも、用意されています。

それだけではありません。幼男趣味の読者のためなのか、はたまた母性本能を刺激するためなのかはわかりませんが、「U-21名優BOYSの素顔！」というページまであって、当時、子役として人気だった加藤清史郎くんなどが紹介されている。年下という田んぼを着々と開墾するアンアンですが、青田買いにも程がある、という感じもいたします。

そうかと思えば、第1757号では、「年下ブームはもはや終了?!」として、「妄想を叶えてくれそう♥ OVER40男がモテる理由。」というページが。

好きなランキングでは、当時は独身であった福山雅治さんが一位の座を席巻。この時代の女性達は、まだ福山さんによってＯＶＥＲ40男性に対して夢を持つことができましたし、世界に目を向ければ、まだジョージ・クルーニーがいたのです。

ＯＶＥＲ40男性が好き、という読者の座談会では、「同世代男子は、女性を〝相方〟扱いするが、おじさんは女性扱いしてくれる」「男はちょっとエロいのが女性に対しての礼儀、みたいな感覚を持っている」「強い男性についていきたい、という感覚を満足させてくれる」といった意見が交わされていました。

「ステキおじさま妄想劇場」というページでは、主人公「アン子ちゃん」が、取引先の社長である佐藤浩市さんから「箱根のちょっと隠れ家っぽい宿を取ったから」と誘われたり、飲み屋で同席した高橋克典さんからは「二人っきりになれるところに行こうよ」と誘われたりしています。肉食おじさんのギラギラっぷりに、「やだもうどこへでもさらってください！」となる「妄想」が展開されているのでした。

前の号では、「目利きはすでに気づいています！　バツイチ男が恋人に向いているって本当？」という特集が。バツイチの男性は既に一度結婚しているので、「深い恋愛ができる」「人にやさしくなれる」「女性に対して過剰な要求や期待はしない」

「人のためにお金を使う感覚を持っている」……とされていました。

ここでも、バツイチ男性との恋がマンガで「妄想」されています。バツイチの彼は、デートしていてもさりげなくリードしてくれたり、お会計を済ませてくれたりということで、「もうとにかくスマート！」と、アン子ちゃんは目がハートに。「付き合おう」と言ってくれるなど、「恋愛ステップをきちんと踏む」バツイチ男子は、「一度は結婚を決断したことのある、勇気ある男性」なので、草食男子のように曖昧な行動はせず、「節目にはしっかり『ケジメ』をつける」ということなのでした。

自分が望むような恋愛は、もはや同世代とは難しい……となった時、ＯＶＥＲ40やバツイチ男性といった中古物件でもよい、と手をひろげたアンアン。第１６８７号ではとうとう、「哀愁キュートなＯＶＥＲ50紳士録。」というところまで到達しています。

さらにアンアンは、年齢のみならず地域的にも、視野を広く持とうとしました。第１７２８号「愛しの♥47都道府県」では、「47都道府県・男子攻略法。」「いまイケてるのはこのご当地男子です！」など、日本の隅々まで男子を探しに行く勢いに。

韓国男子への熱い視線も、この頃に目立ってきます。それまで、アンアンにおける〝オカズ〟グラビアといったらジャニーズのタレントが中心でしたが、二〇〇九年頃から、韓流男子も登場するようになったのです。

単に韓流タレントにキャーキャー言うのみならず、真剣に韓国の男性との交際も考えていたらしい、アンアン。「サヨナラ草食男子！」の号では「韓流男子の〝肉食ぶり〟を分析‼」していましたし、第1713号「2泊3日の最強ソウル」という特集では、ドラマのロケ地訪問やアカスリ、マッサージのみならず、「思いがけない出会いも……⁉〝看板イケメン〟に会えるカフェ。」も、旅のスケジュールに組み込まれていました。とうとう第1773号では、ズバリ「韓国男子を恋人にしたい。」というページが。そしてこの恋愛行脚の、行き着く先は……？

おこもりモードとSNS

年下、バツイチ、おじさん、地方男子。……草食化による男子不足に困窮し、あらゆるタイプの男性に触手を伸ばさざるを得なくなっていった、アンアン。第1679号では、「あなたももしかしたら予備軍⁉ Over30に急増中の〝クーガー女〟。」という特集もありました。肉食獣のクーガーのように、自分から獲物を捕獲するタイプの女性が増えているということだったのですが、そうでもしないと男女交際が成立しなくなってきたのでしょう。

しかし、草食男子がいるならば草食女子もいるわけで、誰もがクーガー女の資質を持っているわけではありません。そんな女子達のために、この頃のアンアンで目につくのは、家の中だけで完結する企画です。クーガー女特集の二ヶ月後、二〇〇九年十

No.1682
（2009年11月4日号）

二月は、「輝け！ 愛しのコニャンコ写真グランプリ！」「子猫ラブ♥」ということで、猫特集です。アンアンはずっと、一人暮らしの女性を読者対象としてきましたが、ここにきてついに、「一人暮らし＋猫」の暮らしを推奨するように。
男子の代替物として、ついに人間から離れてペットまで到達した感があるのですが、生き物嫌いの人には、
「その世界に、ずっとひたっていたい。本とマンガ」（第1698号）
「マンガ大好き！」（第1716号）
「別世界へトリップ!! 本が好き♥」（第1741号）
と、本による現実逃避を提案。それだけではありません。
「テレビ大好き！」（第1723号）
「おうちで楽しむ／外へ観に行く 映画＆ＤＶＤ」（第1786号）
と、映像の世界へも熱心に手引きしています。
この時代のアンアンは、恋愛特集もあるにはあるけれどその割合は減少し、家で一人でできるお楽しみの数々をしばしば紹介しているのです。料理特集は昔から存在しましたが、この時期のタイトルは「おうちごはん」シリーズ。「ほっこり♥おうち鍋」「ひとりごはんも大満足。女子的どんぶり7品」など、家で手軽に味わうことができ

る幸福が追求されています。

外食の情報よりも、

「2010年、女子が選んだおとりよせ大賞発表‼」（第1724号）

「編集部が選んだ女子限定／おとりよせ」（第1758号）

といったおとりよせ特集が目立つのも、おうち回帰傾向の一環でしょう。美容の特集も、

「あのスチーマー、使ってみる⁉ たのしいおこもり美容」（第1684号）

ということで、引きこもり傾向が見て取れるのです。

おそらくアンアンは、疲れてしまったのでした。確かに恋愛もセックスも、したいが、こちらだけしたいと思っていても、できるものでもない。クーガー女になるだけの度胸も度量も無し。だとしたら、家で一人で猫を撫でながらマンガを読んで、おとりよせした食材で好きな料理を作っていた方がずっとラクだし幸せ……と、なったのではないか。

いくら疲れたからといって、若い女性が家で丼ものを食べながらマンガとDVD、という生活で大丈夫なのか……という不安も、一方では湧いてはきます。しかし彼女達は、大丈夫だったのです。それというのもこの頃から、スマホがブームとなってお

り、

「ｉＰｈｏｎｅ ｆｏｒ★ｇｉｒｌｓ！」（第１７１１号）
「女子にやさしいスマートフォンは？」（第１７４３号）
「女子のためのスマホ＆ＳＮＳ超親切ガイド」（第１７６６号）

と、スマホ特集が頻繁に組まれるようになりました。第１７６６号においては、

「スマホでツイッター完璧ガイド。」
「いまこそ始めてみよう！　ウワサのＦａｃｅｂｏｏｋ。」
「友人関係がより濃くなる、深くなる。スマホで使うｍｉｘｉ最新活用法とは？」

……と、様々なＳＮＳへの誘いが。この号が出た二〇一一年は、日本におけるＳＮＳ元年とも言われた年です。ｍｉｘｉは二〇〇四年に登場し、ツイッターは二〇〇七年頃に既にブームになっていましたが、二〇一一年にはＦａｃｅｂｏｏｋの利用者がグッと増加していました。

家の中でも片手にスマホを握ってさえいれば、ＳＮＳで手軽に色々な人とつながることができるようになったのが、この時代。もう片方の手で猫を撫でていようがテレビのリモコンを持っていようが、スマホで世界とつながることができるようになりました。同号では、

「元カレと再会、運命の出会い。SNSで始まる恋の実態。」

というページもありましたが、部屋で寝転びながらスマホを操作するだけで、恋が始まる可能性すら出てきたのです。

スマホとSNSによって、人の行動とつながり方に大きな変化が見られた、この頃。しかし二〇一一年にSNS利用者が増加した背景には一つの大きな出来事があって、それが三月十一日に発生した、東日本大震災でした。連絡手段としてのSNSが活用され、情報を伝達する手段としても、SNSは注目されたのです。

同号においても、

「もしものときはSNSが強い味方です。」

というページがありましたが、東日本大震災を経験した日本では、人と人とのつながりということ自体が根底から考え直されたのであり、それはアンアンにおいても例外ではありませんでした。

東日本大震災後、
生き方に
変化が…。

2010

スマホを通じてのコミュニケーションは、盛ん。
でも恋愛の状況は、微妙。
そんな時代の中に漂っていた女性達の意識を変えたのは、
東日本大震災でした。

大きな被害を目の当たりにし、
被害を受けなかった人も、
「今、自分ができることは何か」
を考えるようになったのです。

人と人とのつながりの大切さが再認識され、
それぞれの生き方も、見直されます。

本当にしたいことは、何か。
本当に必要としているものは、何か。

2010's

それぞれが自身に問う日が、続きました。

結婚を求める人。
安全な環境を求める人。
災害を経て変化した女性達の欲望を、
アンアンは、敏感にキャッチします。

そんな二〇一〇年代、
女性達は、本当の意味で強くなることを、望むようになりました。
自分で考え、判断する力を身につける。
そうすることによって、
より強く周囲とつながることができるのではないか、と。
自分の枠にこもりがちになっていった女性達は、
困難を経て、一歩外へと踏み出すようになったのでしょう。

つながりたいのは誰ですか？

二〇一一年三月十一日に発生した、東日本大震災。直接の被害を受けなかった我々がその後に考えたのは、「自分は今、こんなことをしていていいのだろうか？」ということです。

東京では震災後、物資の不足など多少の不便はあったものの、普通に暮らすことができる状態でした。しかし被災地を見れば、大変な状態が続いている。私も、「こんなことを書いている場合か」と、パソコンの前で茫漠《ぼうばく》たる気持ちになったものです。

雑誌作りにおいても、それは同じだったことでしょう。若い女性のために、きれいなもの、楽しいこと、美味しいもの……等を提示してきたアンアンも、震災による大きな被害を前にして、「女性誌にできること」を考えました。

マガジンハウスとしては、被災した人々に向けた著名人からのメッセージを、会社のホームページに掲載。アンアン誌面でも、江原啓之さん、林真理子さん等からのメッセージが震災後の四月に掲載されました。

誌面では、震災に直接関係するページはしばらくなかったものの、同年六月には、

「涼しくて、オシャレ♥夏の〝節電インテリア術〟。」

というページが登場しています。そう、全ての原子力発電所が稼働中止となったあの夏、日本全国で節電が求められていました。アンアンでは、すだれ、うちわ、打ち水……といったエコな手法で、節電を目指したのです。

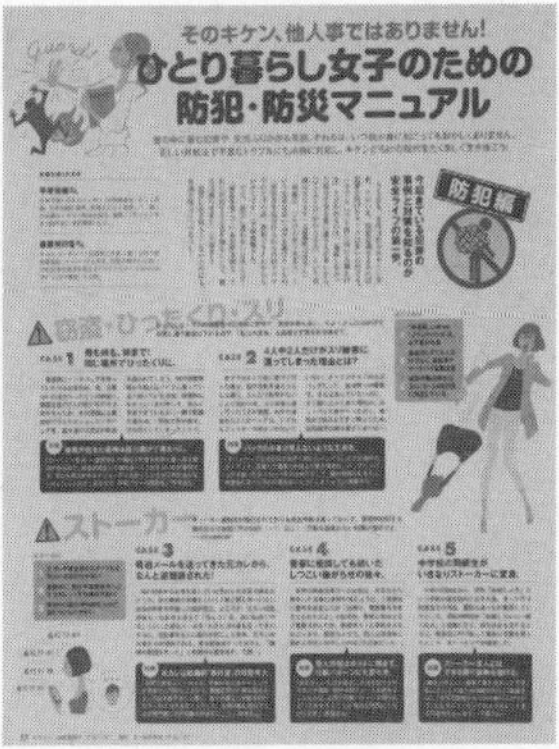

「防犯・防災マニュアル」(No.1774)／「防災」は大地震を想定、「防犯」はストーカー対策も。時代が反映されている。

同年九月の第1774号では、

「ひとり暮らし女子のための防犯・防災マニュアル」

という特集が。ストーカー、痴漢といった犯罪への対処法から始まって、地震対策まで。「こんな場所で地震に遭ったら」とか、防災リュックに入れるべきグッズなど、震災前には見られなかった

ハウツーページとなっています。

そんな中で、アンアン読者にとって震災後、最も身近に迫った問題は、ズバリ「結婚」でした。「やっぱり一人でいるのは不安」と震災婚をする人が急増しているというニュースを前に、アンアンも無関心ではいられなくなったのです。

同年七月の第1767号は、

「オトコのホンネ 完全解明」

という特集なのですが、そこでは「3・11以降急増した結婚と別離……そこに隠された男の微妙な心理。」というものが分析されていました。「リーマンショックに〝無縁社会〟、そして今回の震災……トリプルパンチで結婚観が変わった」という話も載っていますが、単に「結婚が増えるかも」と喜んではいられないようです。

「未曽有の事態に正直、男性は自分のコトで精一杯」ということで、彼女の面倒までみていられないという男性がいたり、「そもそも、恋に尻込みする傾向にあった草食男子がこれを機にますます恋愛に対して後ろ向きになってしまう可能性も」という意見も。「女性に対しては〝自分で頑張ってくれ〟というのが男の本音でしょう」と、震災で誰かに頼りたくなっている女性にとってはシビアすぎる話もありました。女性が身につけるべきなのは、もはや「女子力」でなく「サバイバル力」という話もあって、そう簡単に震災婚ができるわけではないという現実が、読者には突きつけられるのです。

同年八月の第1770号では、それを確かめるかのように、「3・11以降の結婚ブームって本当なの？　結婚したがる男、今すぐしたい女が増加中。」

という特集が。

二十代女性を調査したところによると、「結婚したい」と思う人の割合が、過去十年で最高に。震災を機に結婚したくなった、という人も激増。「一生、独身でいるのが寂しくなった」「経済的に不安になった」「土日に家に一人でいるのが怖くなった」といった意見を見れば、「おひとりさまなんて、もう死語？」とアンアンが言いたくなる気持ちもわかります。

その後、令和の時代になっても「おひとりさま」が死語にならなかったことを私達は知っています。が、この頃は「結婚したい」と思う男性も増えたり、収入よりも性格や人柄を結婚相手に求める人が増えてきたり、震災直後に元カレからメールが届いたのをきっかけに「復活愛」が増えたり……と、結婚への機運がグンと高まっている状態だったことは、わかる。

同年十一月、とうとう、

「『絆』あなたがつながりたいのは誰ですか?」

という特集が、アンアンに登場します。震災後、「絆」という言葉が世の中ではしばしば取り上げられたわけで、「本当のつながりって何? つながるってどういうこと? 誰もが、一度は立ち止まる　自分にとっての絆とは? 一緒に考えてみませんか」ということになったのです。

とはいえこの特集、「SNSで生まれる新しい絆のカタチ。」ということで、フェイスブックやツイッターやブログについて「私はこんなに楽しく利用しています」という話に終始。震災による絆ブームと、SNSブームとが重なったことによって〝つながりプレッシャー〟が増加した印象が強まり、「つながり続けるのも大変そう……」と思わせる内容なのです。

その後、震災婚のブームは早めに沈静化する一方、SNSの世界はインスタグラムやLINE等も入り乱れ、ますます盛んになっています。震災後、決して切れない絆を見つけられるような気持ちが一瞬高まったものの、SNSがもたらす膨大なつながりに翻弄される中で、「本当の絆」を得ることができたのかどうか。その答えは今もまだ、見つかっていないのでしょう。

江原啓之さんが教えてくれたこと

東日本大震災直後、二〇一一年三月のアンアン第1750号は、「スピリチュアルBOOK」。着物姿の江原啓之さんが、表紙で微笑んでいらっしゃいます。

この時に「スピリチュアルBOOK」が出るということは、もちろん震災前から計画されていました。が、それが未曽有の災害の直後であったということに、私は天の配剤を感じます。アンアン初登場以来、ずっとアンアン読者を励まし続けてきた、江原さん。江原さんの微笑みは、震災で「どうしたらいいのか」と呆然と佇む読者達の胸に響いたことでしょう。

江原さんはここで、

「苦悩の答えはすべてあなたの心の中にある」

No.1750
(2011年3月23日号)

とおっしゃっています。自己の内面をよく見ることによって未来を切り拓いていこうと、読者達は思ったのではないか。

震災によって結婚熱が高まり、アンアンでも、

「3・11以降の結婚ブームって本当なの？」

といった特集が組まれたことは、前回も記した通り。震災によって、まさに自分を見つめ直し、「本当は結婚したい」と思う人が増えたのです。

同年十一月の第1780号では、

「はじめての妊娠・出産」

という特集が組まれました。妊娠・出産に特化した特集としてはアンアン初の、この号。表紙は、当時臨月を迎えていた神田うのさんの妊婦ヌードです。うのさんの姿は、グラビアでも「美しき臨月の女神。」として紹介されていました。

この特集も、やはり震災があったからこそのものでしょう。

「'11年は空前の妊娠&出産ブーム⁉　いま、産みたい女性が増えている。」

「本誌副編集長2人が揃って初懐妊‼　働く37歳の期待と不安、全部語ります。」

といったページが続きます。震災によって「絆」「つながり」という言葉に注目が集まりましたが、自分が産んだ子供というのは、最も太い絆を感じられる存在、そし

て生命を次世代へとつなげていく存在なのであり、だからこその妊娠・出産特集と思われます。

「未婚のまま産み、育てたい!! 私がシングルマザーを選択した理由。」

というページもあるのは、根底の部分に非コンサバの血が流れるアンアンらしいところです。

が、しかし。「はじめての妊娠・出産」の次に出た第1781号は、

「もう怖くない！ 美容皮フ科」

という大特集でした。人間としての根底を見つめ直した時、表層的なこだわりはどうでもよくなって命をつなげる大切さに気づいた。……といったムードの出産特集のすぐ後に、思い切り表層的な美容皮フ科特集とはこれいかに、と思いますが、その切り替えの早さもまた、アンアンらしさというものでしょう。

以前も記しましたが、アンアン読者の年齢層は次第に上がりつつあり、この頃のターゲットはアラサー。となれば、老化現象も気になりだすお年頃です。

たとえ頑強な子宮や卵巣を持っていたとしても、女が「産みたい」と念じるだけでは産むことができないのが、子供というもの。産むためには、「この女性と子作り行為をしてもいい」と男性に思わせなくてはならないわけで、そのためには、シミとり

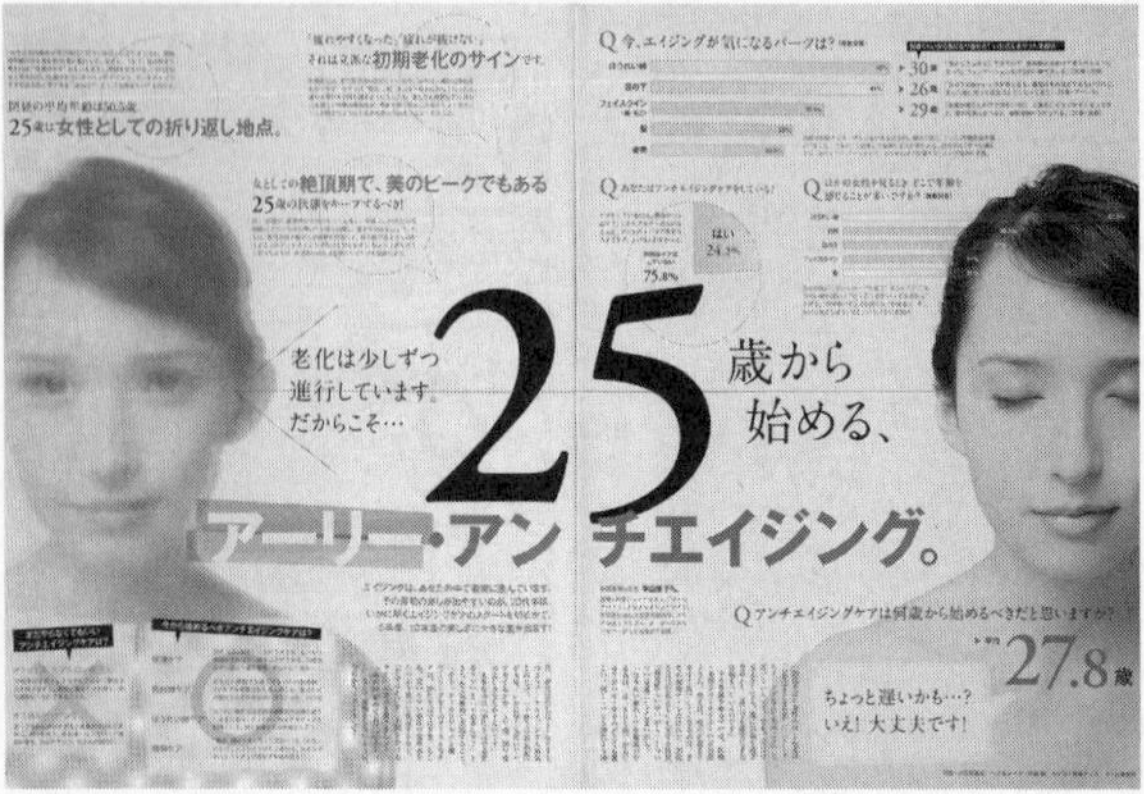

「25歳から始める、アーリー・アンチエイジング」(No.1796)／閉経の平均年齢は50.5歳。だから、25歳は女性の折り返し地点だという。

やシワのばしも有効な手段です。妊娠・出産特集の後に美容皮フ科特集が位置するのもまた、天の配剤というものかもしれません。

震災後のアンアンでは、確かにアンチエイジングに対する注目度が高まっているのです。第１７６０号は、「始めるのは早いほど効果的！　奇跡のアンチエイジング」

という特集。

「ほうれい線は本当に消えます！　プロ直伝〝奇跡の４大メソッド〟。」

「魔法のゴボウ茶&酵素ドリンクで〝老けない体〟を手に入れる。」

など、四十代の雑誌と変わらないラインナップです。もう少し表現を緩めよう

と思ったのか、第1796号は、

「25歳から老化は始まっています！　速攻!!　アーリー・アンチエイジング」

という特集でした。

震災の前年くらいから、世の中では美魔女ブームというものが発生していました。中年になっても美しい女性達が美魔女と言われたのですが、それによって全ての年齢層の女性達が、「老けてはならない」というプレッシャーを感じていました。

東日本大震災で、「変わらないものなど無いのだ」と知った、日本女性。しかしこと自分の肉体に関しては、「永遠に若くありたい」という欲望を捨てることはできず、むしろがっついて永遠を求めるようになっていました。

そんな時、ちょうど震災から一年後の二〇一二年三月には、またスピリチュアル特集が。ここでは江原啓之さんが、

「2012年のあなたを守る〝予言〟と〝守護霊〟について。」

ということを語っていらっしゃいます。

不安な時代の中で、守ってくれる人がほしい、けれどなかなかそんな人を見つけることはできない。……そんな女性達に対して、江原さんは優しく守護霊の存在を教えてくれたのです。

子供を産んで、自らが「他者を守る人」となるか。守護霊でもいいから、守ってくれる存在を見つけるか。自己の内面を見つめた結果として見えてきた景色は、人によってかなり違っているようなのでした。

強い男が好き

No.1799
(2012年3月21日号)

二〇一二年三月の第1799号のスピリチュアル特集では、東日本大震災後の「未曽有の混迷の渦中」において、「これからの私たちのテーマとなるのは〝自律〟と、書いてありました。それは「自分を律し、自らの判断で行動する」ということなのだ、と。

一方では、「守られたい」「頼りたい」という願望も増大。自分で強くなるべきか。守ってくれる誰かを探すべきか。……という悩ましさをかかえる読者達の前に提示されたのは、

「今、私たちが求めているのは強い男です！」

という特集でした。スピリチュアル特集で「自律」を説かれ、「もう守護霊に守っ

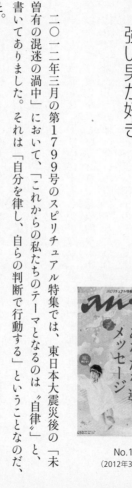

てもらうしかないのね」と思わせておいた二号後で「強い男」とはこれいかに。……とページをめくれば、「かつて草食男子たちがもてはやされた時代もありました」が、もはや時代は変わったのであり、今注目すべきは「揺るがぬ信念を持ち、頼もしく、忍耐力がある『サムライ男児』なのです！」とあって、上半身裸のサムライのイラストが、荒々しく躍っているのです。

3・11後の社会不安の中で、強い男が求められているのでは？　と読者アンケートをした結果、「強い男が好き」という人は九十九％、「好きではない」人が一％という結果に。しかし「あなたの周りの強い男の割合は？」という質問に対しては、弱い男が九に対して、強い男が一、という答えが多かったとのこと。

……ということは、男性中に十％しかいない「強い男」を九十九％の女性が、奪い合わなくてはならないという計算。絶望的なムードが、最初から漂います。

壮絶な「強い男」の奪い合いに勝利するための妙案を授けてくれるのかと思ってさらに読むと、サッカーの長谷部誠選手のグラビアや、「サバイバル男子」「起業男子」「レスキュー男子」といった様々な強い男を紹介するページが。

しかし、「消防士なら火災予防運動や出初め式など地元のイベントをチェック」などといった、強い男と出会うための豆知識は書いてあるものの、希少動物である「強い男」を確実に手に入れるための肝心なテクニックは、見られない。

そうこうしているうちに特集は、「ふとした瞬間にドキッとする〝男らしい仕草〟実例集。」に突入します。「頭を自分の胸にギュッと抱き寄せる」が一位、「腰を抱いて歩道の内側に寄せてくれる」が二位。……といった感じなのですが、これはすなわち「萌えポイント」というもの。あまりにも競争率の高い「強い男」と実際に交際するなど無理、という諦めのせいか、もはや強い男と接触するのは妄想の中。「壁ドン」流行の全盛はもう少し後のことなのでランクインしていませんが、この部分にかなりのページが割かれている背景にあるのは、壁ドン流行時と共通した事情です。

実際、この頃のアンアンは、「萌え」感や妄想を大事にしています。セックス特集において「ひとりエッチ」の比重が高くなってきていることは以前記しましたし、また男性の裸体を妄想するしかけが施されたグラビア「妄撮男子」も、しばしば登場。第1795号では、「妄撮男子」が掲載されると同時に、「リアルじゃなくても毎日ドキドキ♥〝エアときめき〟って楽しい!!」というページが……。セックス面以外でも、アンアンは男女交際欲求を一人で処理できるようにと、読者を導いているのです。

実際の恋愛を、きっぱり諦めたわけではありません。「強い男とは、妄想の中で付き合うのが現実的」という結論しか導き出されなかったかに見える「強い男」特集の後も、「結婚しない？」「みんなの恋愛データ」「本能で恋しよう！」といった、結婚や恋愛についての特集は続くのでした。

たとえば「結婚しない？」特集では、

「『結婚したい』なら、いますぐ行動を！　30代前半の女性の3分の2は結婚できない！」

といった文章で、アラサー読者達の危機感を煽るアンアン。「授かり婚」つまり妊娠から入る結婚もアリ、と捉えています。

が、しかし。「思い込んだり、計算する恋は、もう卒業。」と宣言する「本能で恋しよう！」特集の中には、「逃げちゃえ!!」という謎のページがありました。これは、

「仕事や恋愛、人間関係……。あなたはいま『逃げてしまいたい』と思うことはありませんか？　そんなときは……逃げちゃえ!!」という、現実逃避のすすめ。果たして「逃げちゃえ!!」は女性にとっての新しい「逃走論」となるのか？

読者アンケートによると、「逃げたいもの」の一位となったのが「結婚からのプレッシャー」なのだそう。確かにアラサーのお年頃、結婚プレッシャーは重荷。どのような妙案が登場するのでしょうか。

……と思えば、母親から「結婚まだなの？」と電話があった時は、携帯の調子が悪

いふりをして誤魔化しましょう、といった瑣末なアドバイスが記されていることに、まずはキョトン。「今は仕事を頑張りたい」「もっと自分を磨きたい」などと前向きに答えれば、それ以上のプレッシャーは無くなるはず……といった希望的観測含みのアドバイスもありました。

「逃げろ」と言うからには、結婚制度自体からの逃走を勧めるような論調が見られるのかと思ったら、ここで語られるのは「結論先延ばし」に近いアドバイスの数々。腹を据えて逃げ切れ、と言っているわけではなさそうです。

自律、依存、逃走。混迷の時代にアンアンは様々なアドバイスを読者に与えようとするものの、とはいえ正解はわからない。「結論先延ばし」こそ、極めて現実的なアドバイスだったのかもしれません。

女子は卒業、大人の女性に

「逃げちゃえ！」と思ってみたとて、しつこくつきまとってくるもの、それが年齢です。震災後、アンアンはアンチエイジングに熱心になっていましたが、その後も年齢を意識するムードは、ますます強まってきました。

しかしその意識の仕方が、「年をとらないようにする」から、次第に「年を受け入れる」という方向に変わってきたのです。二〇一二年十一月は、「カラダに良いモノ大賞発表!!」という特集。このような特集があること自体、読者の高齢化を感じさせますが、ここでは「アラサー女子の〝ひんやり子宮〟」を救ってくれるというものや、身体の歪みを直すもの、発酵食品などが紹介されています。美容も気になるけれど健康もね、というアンアン読者の心の叫びが聞こえてきそう。

No.1871
（2013年9月11日号）

一時期、アンアンの恋愛特集に頻出していた「愛され」という言葉も、めっきり減りました。赤文字系雑誌のように「愛され」を目指したはいいものの、やはりガラでない、ということに気づいたのかもしれません。

その代わりに目立ってきたのが、「大人」という言葉です。「大人の片思い　叶える方法、あります」「大人の恋の育て方」といった特集がしばしば見られるのであり、「もう、異性から愛されることを指をくわえて待っていればいい年ではない。大人の自覚を持って、恋愛を捉えなくてはならないのだ」という覚悟のほどが見えるかのよう。

二〇一二年十月には、「あなたの〝妊娠力〟は⁉」という特集が見られます。前年に続いての妊娠・出産特集なのですが、前回が震災の影響を受けての妊娠・出産特集であったのに対して、この回は年齢的なことを考えての特集、という感が強いのです。

この年、NHKで「産みたいのに産めない　卵子老化の衝撃」という番組が放送されました。卵子も老化するのであり、いつまでも子供を産めるわけではない、ということを世に知らしめたこの番組はおおいに話題となったのであり、それを受けての特集だったのかもしれません。妊婦姿でグラビアに登場した長谷川理恵さんも、四十歳が目前という年齢。微妙なお年頃の読者に希望を与えるとともに、「妊娠・出産と年齢の問題について、ちゃんと考えましょう」と、読者を促したのです。

しかし望んだからといって、すぐに妊娠・出産ができるわけではありません。「みんなの恋愛データ」（二〇一二年七月、第1815号）という特集によれば、読者の五十五％が彼氏なし、二十代では五人に一人、三十代でも六人に一人が処女というシビアな状況なのです。

もちろんアンアンは、そんな恋不足の読者を励ましてもくれます。二〇一三年二月の第1843号では、「誰にでも訪れる〝真のモテ期〟に気づいてますか？」という、ポジティブな特集が。アラサーのモテ期サインは、若い頃のようにあからさまでなく「日常的な〝小さな変化〟でした」と、顕微鏡で見なくてはわからないような「サイン」に気づけ、と言うのです。

特集の中には、「男性のリアルな声からうれしい事実が明らかに！　僕たち、本当に30代女性に惹かれてます♥」というページもあって、男性達に取材して「三十代がいい！」という声を集めているのでした。彼等の意見をかなり好意的に解釈している感は否めませんが、男性は「包容力がたっぷり。それが30代の魅力です♥」「〝受け入れてくれそう〟が人気の秘密」ということで、「話をちゃんと聞いてくれる」「仕事の都合など男の事情をわかってくれる」といったイメージが持たれている様子。

これはすなわち「お母さん」の魅力と言っていいでしょう。この頃から、AV業界においても熟女ものが大人気となっているのですが、熟女AVの主人公も「おふくろ」「義母」といった人達。責任を負うのが苦手で、拒否されるとすぐに萎えてしまう男性達は、面倒臭いことを言わずに男性を受けいれてくれる熟女に惹かれていったのです。アンアンにおいても「この世代ならではのエロさがたまらない♥」「色気もテクニックもある30代は最高！」という男性の意見が載っておりました。

こうして、熟女だって大丈夫！　という自信を持ったアンアンは、ついにある地点に到達します。それは、

「もう〝女子〟は卒業です！　大人の女性になるために、今すべきこと。」

というもの（二〇一三年九月　第1871号）。二〇一〇年に「女子会」という言葉が流行語大賞のトップ10入りするなど、いくつになっても自分のことを「女子」呼ばわりする人が増えてきた、この時期。その風潮にアンアンは、あえて異を唱えました。アンケートによると、「女子」と言っていいのは平均二十八・七歳まで、という結果が出たのだそう。

「事実！　いい年のコドモ女子はイタイ！」

ということで、他人に思いやりを持ち、マナーを守り、男性に依存しない「大人の

女」になりたいものよ、と願っているのです。

ちなみに「憧れNo・1!」の大人の女性は篠原涼子さんということで、表紙とグラビアに登場。

「人は人、私は私、って言える人が大人の女性」と語っておられます。

とはいえ今もなお、「女子」ブームが続いている日本。アンアン読者はこの時、本当に「女子」を卒業することができたのでしょうか……?

二次元男子に「抱かれたい」

アンアンがどのように「女子」から脱皮していくのか……と思っていると、女子卒業宣言をした二号後に、既に「オトナ女子限定　最新『青春エンタメ』研究。」というページがあったのでした。

舌の根も乾かぬうちにもう「女子」とは……、と思ったのですが、アンアンにも言い分はあるのでしょう。「女子は卒業」と言った時の「女子」とは、「コドモ女子」のこと。しかし「オトナ女子」であれば、「女子」であっても許されるのだ、という。

その後のアンアンでも、「女子が好きなアイドルグループBest5」とか、「恋する女子に捧げる、モテ髪アレンジ術。」等々、「女子」という言葉は頻用されています。この頃、既に「女子」は「幼い女の子」を意味する言葉でなく、女性一般を示す言葉

No.1906
（2014年5月28日号）

になっていたのであり、「女子会」「女子力」も一般名詞化。アラサーだからといって、無理して女子を卒業する必要は、なくなっていたのです。

女という性のことを「女性」と表現せず「女子」と言ってみると、ちょっと元気でポップな感じがするもの。そんな語感を持つ「女子」は、今に至るまで女性誌には欠かせない言葉となったのであり、アンアンもそう簡単に卒業はできなかったようです。とはいえ、読者の年齢層がアップしてきたアンアンとしては、臆面もなく「女子」と言い続けることに多少のひっかかりがあるということで出てきたのが、「オトナ女子」だったのでしょう。

オトナではあるけれど、好奇心は旺盛。そんなオトナ女子向けの雑誌となった、アンアン。自分達は「女子」であるならば、異性は「男子」となるわけで、「ちょっと気になるイケメンのカレ……、〝書店男子〟に会いに行こう♡」「男子の視線クギ付け、最旬スタイル！」といった感じで、男子は取り扱われている。

そんな女子と男子の世界を見ると、どうも両者間の距離が、近いようで遠ざかっている気がするのです。「女子」と自称し、異性を「男子」と呼ぶことによって、そこには「なんちゃって感」とでも言うべきものが発生し、セックスを伴う生々しい恋愛には発展しづらいムードになる、と言いましょうか。

二〇一四年三月の第1897号では「イケメン談議が花盛り♥ようこそ、〝スナックａｎａｎ〟へ。」というページがあるのですが、これはまさに「イケメン好き」の女子達が「女子トーク」をして、「〝私のイチオシ青田買い男子〟について語りまくり」という企画。女子達が、「かわいい男子」「陰ある男子」「スポーツ系男子」等々を品定めしている様が「スナック」のようだ、というわけです。

つまりここでは、「女子」はもう「オヤジ」と同等の位置づけ。青田買い女子達は、お目当ての男子について、「かわいい……」と舌なめずりしながら愛玩トークをするだけで満足しているようで、それはかつてのオヤジ達がスナックで、好きなタイプの女の子について語り合っていたのと同じ。それが憧れや愛玩の域を出ることはありません。

そんな女子と男子の近そうで遠い距離感を最も感じさせたのが、二〇一四年五月の第1906号の、

「漫画で復活！　好きな男、抱かれたい男。」

です。二〇〇八年に木村拓哉さんが十五連覇して以来、姿を消していた「好きな男」特集。かつての「好きな男」特集が消えた背景には、様々な大人の事情があったのだとは思います。が、六年ぶりに復活した時、それが生身の男性を対象にしなく

「漫画版　好きな男・抱かれたい男。」(No.1906)／漫画版ランキングの顔ぶれは、リアルランキングよりも新旧入り混じる結果に。

なっていたというところに、時代の変化を感じずにはいられません。もはやアンアン読者のオトナ女子は、二次元の男子に「抱かれたい」と思うようになったのです。

ちなみに「好きな男」として挙げられていたのは、井上雄彦作「SLAM DUNK」の流川楓、神尾葉子作「花より男子」の道明寺司など（順位はついていない）。

そして「抱かれたい男」は、矢沢あい作「Paradise Kiss」の小泉譲二、安野モヨコ作「花とみつばち」の小松正男など。「ジョージになら乱暴されてもかまわないけど」（27歳・派遣）、「一生懸命いきがる小松をいじめたい♡　虜にしてからシカトしたりして（笑）」（32歳・営業）という感じで、読者は妄想を膨らませているのです。

　これらの感覚は、精神的「一人エッチ」というものでしょう。細かくジャンル分けをしていくと、「小学生男子」「変わり者男子」「二番手男子」「ヤンキー男子」にも胸キュン、なのだそう。

　生身の男性ではなく、二次元の存在が相手なら、小学生や変わり者に胸を焦がすことも許されます。しかし、いくら身長が一七三センチといっても、体操服にランドセルという格好の小学五年生に対して「こんな小学生……目の前にいたら好きになっちゃうかも⁉」というのは、アラサーのオトナ女子としては夢見すぎではないのか。

　このように「女子」は「男子」が大好きなのですが、しかしまさに小学生の女子と男子の恋のように、「いいなぁ」とか思っているだけで、それ以上に発展することはありません。否、漫画の主人公に「抱かれたい」と思っているオトナ女子よりも、今時の小学生の恋愛行動の方がよっぽど具体的かつ積極的なのかもしれません。

フェミニズムが復活?!

二〇一四年十二月の第一九三二号に、異彩を放つページがありました。全体としては「今どきレディ図鑑。」という特集だったのですが、その中に、「21世紀をハッピーに生き抜くために知っておきたい〝新フェミニズム論〟」という小特集があったのです。

「私たち女性を取り巻く環境や意識が少しずつ変わり始めています。レディたるもの、今までと違う進化した〝フェミニズム〟を知っておいて損はありません」という文章で小特集は始まるのですが、私はアンアンでこの手のことを取り上げるのは何年ぶり、否、何十年ぶりであろうか……という感慨にしばし浸りました。

一九七〇年のアンアン創刊当時、世の中ではウーマン・リブ、つまりは女性の権利

No.1932
(2014年12月3日号)

拡張のための活動が一種のブームであったことは、だいぶ前に書いた通り。アンアンでは、ごりごりとウーマン・リブを押し出すわけではなかったけれど、「女らしさ」の枠の中には収まらない、自由な女性の姿を目指していたのです。

しかしその後、世の中は変わりました。ウーマン・リブ的な女性像は、ウケなくなってきたのです。アンアンの雰囲気もそれから幾度となく変化し、ウーマン・リブやフェミニズムのムードは、誌面から全く感じられなくなりました。それが、二〇一四年になって突如として「知っておきたい〝新フェミニズム論〟」とは、これいかに。

この年、イギリス人女優のエマ・ワトソンが、ジェンダー平等を訴えて、国連でスピーチをしたことが話題になりました。彼女は、国連機関であるUNウィメンが立ち上げた、男女平等と女性の地位向上を目指す「He For She」というキャンペーンのために、スピーチを行ったのです。

歴史を振り返ってみるならば、十八世紀末から女性の参政権運動が欧米で勃興するなど、男性に隷属する存在と見られていた女性が権利を主張するようになった時代が、フェミニズム第一波。一九六〇年代以降、男性視点による「女らしさ」からの脱皮を目指し、意に沿わないセックスや妊娠を避けようという動きが加速したのが第二波で、ウーマン・リブ運動もここに含まれます。そして二〇一四年当時、多様化する女性の生き方、家族のあり方の中で、様々な幸福を認めようという流れが、第三波ということなのだそう（フェミニズム史においては、一九九〇年代頃を第三波とし、二〇一〇年代以降の動きを第四波とするケースも）。

となるとアンアンは、フェミニズム第二波の時代に創刊され、以降はフェミニズム冬の時代を過ごして第三波の時代に至る、ということになりましょう。確かに、モテるためのファッションであるニュートラにアンアンが走ったことは、ウーマン・リブの熱が冷めたこととおおいに関係しているかと思われます。そして近年、非モテ雑誌であるアンアンが「モテ」の文字を誌面に頻用するようになったのは、フェミニズム冬の時代に「男女平等よりもモテの方が大切」という感覚が強くなったからに違いない。

そんな中で突如として、フェミニズムについて特集を組んだ、アンアン。ジャニーズのタレントや、漫画に登場する男子とのあれやこれやを妄想の中で楽しみつつも、ひそかに創刊の精神に立ち戻ろうとした……のかどうか。

この特集にも記されていますが、日本は男女平等の観点からすると、世界の中でも後進国となっています。

「女性が活躍できない日本。世界136か国中105位と撃沈。」

とあるのは、世界経済フォーラムが発表している、ジェンダー・ギャップ指数の国際比較によります。女性管理職の少なさについても、「欧米諸国と比べてダントツ」。一見平等でも、日本は隠れ女性差別大国なのです。

さらにはダイバーシティ、つまりは多様性という考え方をベースに、男女を意識せずに働くことができる企業で活躍している女性を紹介したり、

「〝未婚ハラスメント〟には毅然とNO！　と言える社会に。」

「IT系産業は女性支援に積極的！　米系企業では卵子凍結まで補償。」

といった記事もあるのでした。

この特集においては、社会的に女性が活躍することを望んでいるようにも思われるアンアンですが、とはいえこの頃のラインナップを見てみると、女性と仕事に関する特集は、ほとんど見ることができません。八〇年代頃の、グッとファッション寄りになっていたアンアンでは、例のハウスマヌカンをはじめとして、ファッション業界等のカタカナ職業に就くことを読者に推しまくっていました。お仕事特集も頻繁にあって、「ファッション業界は、男女の区別も無い」と、今で言うダイバーシティを強調していたはずです。

しかし「やっぱりモテが大切」となった頃から、アンアンは仕事のことについてあ

まり触れなくなりました。「モテより仕事、モテよりファッション」と言っていたのでは、独身女性向けの雑誌として立ち行かない時代になったのでしょう。

そんな時代が続いている中で、唐突にフェミニズムについて取り上げたアンアンの、その意気や良し。その後のアンアンで継続的にフェミニズムの特集が行われたわけではありませんが、SDGsの概念が広まったり、欧米のみならず韓国経由でフェミニズムが盛り上がりを見せたりしている今につながる、先駆け的な特集だったと言えましょう。

仕事もおしゃれもそこそこに

かつてのアンアンは、仕事に対する意識が高い雑誌でした。読者は全員ファッション好き→ファッション関係の仕事に就きたいと思っていて当然、という感覚があったものです。以前も紹介したように、

「いまいちばん興奮的職業の『ハウスマヌカン』になる。」

といった大特集も一九八三年には決行され、

「ハウスマヌカンになれ！」と、読者にけしかけていたのです。

ハウスマヌカン以外にも、「スタイリスト」や「プレス」もまた、アンアンが有名にし、読者の「なってみたい！」という気持ちを喚起させた職業でした。かつてのアンアンが仕事特集を行うと、片仮名職業がずらりと並び、「おしゃれ職業に就いてお

自分のお客様を安心して任せられる人ですね。

自分の時間と同じくらい、人の時間を大切にできる。

まず結論から話せる人。

電話越しの笑顔が伝わることを知っている。

その差は些細なことでした。

なんだか
仕事ができる人
忙しいはずなのに、いつもウェルカムオーラいっぱい。

下を向かない。外回りのときは、空や花を見ています！　会話のときは、目を見ています！

一人でできる仕事って案外少ない。だから、お願いの仕方には気をつけています。


「なんだか仕事ができる人♥」(No.1856)／「できる人と残念な人の違い」がポイント。ビジネス書のような教訓の色文字は青、緑、ピンクとポップ。

しゃれライフを送る人達」がたくさん登場したのです。

しかし二〇一〇年代の仕事特集を見てみると、その様相は全く異なっています。たとえば二〇一三年五月の第１８５６号は、

「その差は些細なことでした。なんだか仕事ができる人♥」

という特集。ここでは、「まず結論から話せる人」「忙しい人ほど、定刻前に来て仕事を始めています」といった、ビジネス書的な教訓が並んでいる。それは、どの職業にもあてはまることばかりであり、決して難しいことは書いてありません。

二〇一五年四月の第１９５１号には、

「ワクワク&サクサク仕事術、教えます。楽しい！　お仕事。」

という特集が。楽しく働くためには、つながり術、関係調整術、整理術、チーム力UP術……といった様々な「ワクワク仕事術」が必要なのだ、とされています。

一九八〇年代の仕事特集と二〇一〇年代の仕事特集を比べた時の違い、それは特定の職業にスポットライトを当てているか否か、です。30年前は、ハウスマヌカンをはじめとして、〝アンアン推し〟の職業は、はっきりしていました。ハウスマヌカンやスタイリストの他にも、デザイナー、パタンナー、イラストレーターといった職業名が目次には並んでいる様子は、「仕事特集」というよりは「職業特集」。「こんな格好いい職業が世の中にはあるのです」という、一種のカタログだったのです。

対して二〇一〇年代、特定の職業を推す姿勢は、アンアンに見られません。「ワクワク仕事術」を紹介する中で、上手に働く人の実例として登場するのは、相変わらずファッションエディターやプロデューサーといったカタカナ職業の女性達ではありますが、彼女達が語るのは、

「充電器は常に持ち歩き、電話かメールで必ず連絡が取れるようにしている」

「仕事の現場で、『疲れた』や『忙しい』と言わないよう心がけている」

といった、決して特殊でもおしゃれでもないスキルなのです。

こうしてみると一九八〇年代と二〇一〇年代とでは、女性が仕事に対して抱く感覚がかなり異なっていることがわかります。一九八〇年代は、「自立して働く女性」がまだ、特別な存在。フリーランスのカタカナ職業に対する憧れが醸成されやすい土壌がありました。

その後、男女雇用機会均等法が施行され、法律的には女性も男性と同じように働くことができるようになるものの、男性並みに働くことがいかに女性の人生にとって負担が大きいかも露呈し、皆が皆、高いキャリアを目指したいわけではないこともわかってきました。さらにはバブル崩壊、長引く不況、結婚難……といった様々な事情が重なることにより、「働くスタイルは人それぞれ。自分にとって楽しければいいのでは？」という感覚が強くなってきたのです。

仕事に人生を賭けるか、専業主婦か。……という二者択一というよりは、「仕事も、結婚も」が当たり前の感覚となり、どちらにどれくらいの比重を置くかは個人の裁量次第となってきた、今時の女性達。そんな中でアンアンは、ファッション雑誌というよりは、「結婚に悩むイケメン好きのアラサー、ほどほどに楽しく生きたい」という、つまりはごく普通の女性達が読む雑誌になっていました。もうアンアンが「ハウスマヌカンに憧れろ！」と叫んだとて、素直に憧れてくれる人はいないことでしょう。

だからこそこの頃のアンアンは、たまに仕事特集をする時も、「職業」ではなく「働き方」に重点を置くようになったのです。もはや、特定の仕事に対して「憧れ」は抱きにくくなりました。正社員であれ派遣であれフリーランスであれ、「どんな仕事でも、楽しくないよりは楽しい方が。そしてできないよりはできた方が」という、ゆるめのスタンスとなったのです。

それは、極めて現実的な感覚です。一九八〇年代は、まだ「女性と仕事」という取り合わせの結果が未知数だったため、未来に夢を描くことができました。目新しい職業も、次々と登場したものです。

ところがその後、「女性と仕事」の未来に、そうそう夢は描けなくなりました。社畜として働きつつ結婚して子供も産んで……なんて大変そうすぎる！　と、キャリア志向は頭打ち。仕事に対する夢無き時代であるからこそ、「憧れ」よりも日々のちょっとした働き方の工夫の方が大切になってきたのであって、仕事もおしゃれも「そこそこ」に、というのが、この時代のアンアンの感覚なのだと私は思います。

日本賞賛ブーム到来

二〇一五～一六年の、アンアン年末年始合併号の特集は、

「日本を楽しもう！」

というものでした。

トップには、嵐の二宮和也さんの、八ページにおよぶグラビア。「2016年を迎えるこの日本で、二宮和也さんが目指すものは……」というインタビューも載っています。

新型コロナウイルスのパンデミック前までは、訪日外国人の増加が続いていた、日本。そんな中で嵐は、日本の観光立国ナビゲーターを務めていたのであり、

「海外の方たちが自然と訪れたくなる国であってほしいです」

No.1960
（2015年7月1日号）

と、二宮さんは語っておられました。大声で日本を褒め称えるのはちょっと恥ずかしい、ということではあるそうなのですが、

「僕らはエンターテインメントを通して応援するっていうスタンス」

なのだ、と。

日本のことをあえて賞賛するのは恥ずかしいという二宮さんでしたが、しかしこの頃、日本は「日本賞賛ブーム」の中にありました。テレビでも、外国人が日本を褒め称えるような番組が毎週のように放送されています。海外では、「COOL JAPAN」と言われているのだ。日本人よ、もっと自信を持って……、と。

日本賞賛ブームは、日本人の自信の無さから来たものなのでしょう。経済成長も人口も、もはや右肩上がりの時代は終わった日本。停滞ムードが漂っているからこそ、

「日本はこんなにすごいしCOOLなのだから、もっと胸を張ろうよ！」

と、自らを励まそうとしたのではないか。

アンアンの、

「日本を楽しもう！」

という特集もまた、その流れの一環のような気がします。フランスの「ELLE」日本版、ということで、創刊当時はフランスかぶれの雑誌だった、アンアン。当初は、

日本ダサい！　欧米最高！……という感じだったのであり、モデルは全て外国人もしくは外国人とのハーフでした。

しかし二〇一〇年代のアンアンに、海外礼賛のムードはありません。たまにハワイ特集などがありますが、それは日本人でも安心できるデスティネーションだから。創刊当初のように、パリやニューヨークのみならず、アフガニスタンからクレタ島まで特集をしていた、つまりは日本以外に目が向いていた時代は、とっくに終りました。海外へ憧れを抱くのでなく、「ネットでどことでも簡単につながるわけだし、ストレスを感じてまで海外に行かなくても」という人が増加。海外を知った後に改めて日本の良さを認識、というよりは、海外とか面倒臭いから日本でいいや、地元大好き！……という感覚での、日本賞賛ブームとなったのです。

「日本を楽しもう！」号には、初詣の作法や、おせち料理のレシピが載っています。昔ながらの道具を使って「丁寧な暮らし」をしましょう、との提案も。やたらと手がかかるため、女性の時間を奪うとされた和食作りをはじめとした昔ながらの日本の生活も、「丁寧な暮らし」として憧れられるようになったのです。

読み進めると、次第に「日本的な暮らしをすることが、あなたの幸福にもつながります」というムードが漂ってきます。塩で清めることによって一年を清らかに過ごしとか、生まれ年の十二支によって良縁を摑むとか、全国各地の厄払いガイドとか。西洋占星術をはじめて本格的に紹介し、その後も手相や血液型など、ありとあらゆる手段を発掘しては、読者の幸福欲求を満たそうとしてきたアンアンですが、ここに来てその手法も、日本回帰してきたのです。

少し前からアンアンでは、「完全暦生活」という特集も頻繁に行われていました。これは、友引、大安、仏滅といった六曜のみならず、干支、九星、といった昔ながらの暦に従って生きましょう、といった提案。今日はこんな日ですよ、ということが一日ずつ記されています。

のみならず、

「美しい日本語で人生が変わる。」

といった特集（第1960号）もあって、そこでは「正しい敬語で、女の格が上がります。」「美しい日本語で手紙を書くレッスン。」といったページが続くのでした。

若い女性が、

「マジか、ヤバい」

と普通に言い、何でもメールで済ませる時代であるからこその、日本語特集なのでしょう。

この特集でも、「人生が変わる」と記してあるように、美しい日本語を使えばあなたは幸せになる、と説くアンアン。別の号では、「まばゆい『品格』にみんな夢中！麗しの佳子さまに接近！」ということで、秋篠宮家の佳子さまが大クローズアップされてもいました。ヒッピー文化好きだった、つまりは左寄りだったアンアンの、意外な変貌です。

海外には、もっと違う世界があるかもしれない。個性的な服を着て、好きな仕事をすれば、新しい何かが見えるかもしれない。……と、創刊以来四十年以上、もがきながらも若い女性の生きる道を模索し続けてきたアンアンですが、二〇一六年になって着地したのは、「やっぱ地元最高！」の気分でした。日本女性も、ようやく自分に自信が持てるようになってきたということなのか、それとも新しい挑戦に疲れて、保守化しただけなのか。それはもう少し時間が経ってから、わかることなのでしょう。

アンアン二〇〇〇号！

二〇一六年四月、アンアンは二〇〇〇号を迎えました。いつもより厚い特別記念号の、「メモリアル・カバー」とされた表紙を飾るのは、スーツ姿の嵐の五人。この時代を代表する「顔」として選ばれたのはやはり、嵐でした。巻頭グラビアにも、

「ａｎａｎと嵐の新たなステージが今、幕を開ける。」

という文章が添えてあるのです。

No.2000（2016年4月20日号）

特別記念号は、一九七〇年にアンアンが創刊されて以来の、四十六年を振り返るつくりとなっています。目次の後には、かつて連載されていた村上春樹さんのエッセイ「村上ラヂオ」が、「2000号スペシャル　1号限りの復活！」として登場。また、林真理子さん、江原啓之さん、そして秋元康さんというアンアン三大スターが自分とアンアンとの関係、そして「アンアンとは」を語っている。

アンアンの大きな功績の一つとして、女性誌の世界で占いの人気を爆発させた、というものがありますが、この号でも、

「『当たる！』と言われ続けて30余年！　占い文化はアンアンとともに育った。」

というページが。アンアンと占いの歴史を振り返りつつ、導き出された「ａｎａｎの占い、ここがすごい！」というポイントは、

・ポップカルチャーとしての占い文化を確立。
・「アンアンの占いは当たる！」伝説を生み出す。
・若い女性に対し、自信と勇気と自立心を鼓舞。

というものでした。

アンアン創刊から二〇〇〇号に至るまでの四十六年間で、日本の女性は様々な縛りから解放され、自由を得るようになりました。親や社会が女性の生き方を決めた時代

は終り、自分で自分の未来を決めなくてはならなくなったからこそ、世の中は平和でも個人の不安は増加。そこで必要とされたのが、アンアンの占いでした。不安の多い社会において、アンアンが占いブームやスピリチュアルムーブメントをおしゃれに先導してきたという事実は、大きな意味を持ちます。すなわちアンアンは、極めて現実的なものと非現実的なもの、両方を同時に信奉する姿勢を示し続けたのです。

アンアン三大スターの顔ぶれからも、それは伝わってきます。林真理子さんと秋元康さんは、現実界のスター。たとえば林さんは、アンアンに登場してきた当時は読者と同世代で、〝ダメな私〟を隠さずに読者の共感を得つつも、野心と好奇心とで前進し続け、読者に希望を与えてきました。

清濁あわせた女性達の「現実」部分を体現する林真理子さんに対して、秋元康さんは男性の「現実」を、読者に教えました。四十六年を通して、読者のもっとも大きな興味は何だかんだ言っても恋、そして異性。暴走・迷走しがちな若い女性の恋心、そして異性の視線を意識する心理を、男性側の感覚をもって導いてきたのが、秋元さんです。

お二人に対して江原啓之さんは、目に見えない分野を担当されてきました。容姿や仕事や経済力といった現実的な条件は関係なしに、心という目に見えないものを「豊か」にすることができるのだ、と江原啓之さんは読者を励まし続けたのです。

現実と、非現実。それは現実と夢、と言ってもいいのであり、様々なジャンルにおいて、アンアンは読者に夢を提示し続けてきました。今はファッションページはぐっと少なくなりましたが、創刊当時はフランス「ELLE」のファッションを直輸入。その後も、ファッションの先端を紹介し続け、「おしゃれにうつつをぬかすのは罪ではない」「モテるための服でなく、自分が着たい服を着よう」と、読者に伝えました。

それだけではありません。若く美しい男性タレント達と、あんなことやこんなことをする夢。めくるめくセックスに溺れる夢。アンアンは、異性がらみの夢も、たっぷり見せてくれたのです。

現実と夢の両方を提示したアンアンですが、しかしそこには問題がありました。当然ながら、両者の間にはギャップがあるのです。アンアンが提示する夢は、ちょっと頑張れば手が届きそう。しかし手を伸ばしてみたらバランスを崩して転落してしまった、という読者は少なくないのではないか。

アンアンを信じてハウスマヌカンになったけれど、時代は変わってしまった。アンアンを信じて、流行の先端を走る格好をしたはいいが、全くモテなかった。アンアンを信じてセックスの手練手管を学んだが、いざ実践してみたら相手の男性から引かれた……と、ギャップに落ちてしまった人は、アンアン四十六年の歴史の道筋に累々と横たわっているはず。

しかし私は、そんな「アンアンの嘘」にのせられた人達は、今もアンアンを恨んでいない気がするのです。それぞれの時代において、常に女性の欲望に対して忠実に「道」をつけていった、アンアン。道の先にたどりつくゴールは見えなかったかもしれないけれど、読者達はアンアンの道を歩いている時、「時代と共に歩む」という感覚を全身に覚え、確かに幸せだったのではないかと思うから。

雑誌の世界そのものが変化してきた今、アンアンの道が目指す方向は、不透明です。しかしアンアンはこれからも、女性の欲望を掘り起こし、解き放つための道を、つくり続けることでしょう。曲がりくねったその道を歩むか否かは、あなた次第なのです。

巻末スペシャル対談

「ananの嘘」のホント。

特別ゲスト

江原啓之さん

江原啓之（えはら・ひろゆき）／スピリチュアリスト、オペラ歌手。『お祓いごはん 成就ごはん』『ananSPECIAL anan50周年記念 江原啓之さん直伝 幸せを引き寄せる最強の開運＆お祓い』『お祓い箱 極上』（いずれも小社刊）ほか著著多数。
公式サイト https://www.ehara-hiroyuki.com/

――長らくアンアン読者の悩みや欲望に向き合ってきた、スピリチュアリストの江原啓之さんを特別ゲストに迎えた本音対談。「ananの嘘」に隠された〝ホント〟とは何か？　アンアン読者とはどんな人たち？　そんな疑問からお二人の話題は広がっていきました。

酒井　「アンアンといえば江原さん」という印象がすごく強いのですが、アンアン初登場は、一九九〇年代……。

江原　ええ、年数の長さでは林真理子さんと勝負している感じです(笑)。

酒井　多くの女性誌に登場していますが、個人カウンセリングをなさっていた時も女性からの相談が多かったのでしょうか？

江原　個人カウンセリングは15年間ほどでしたが、8〜9割は女性ですね。

酒井　相談内容はやはり恋愛、結婚関係？

江原　それはもう、すごくありました！　でも今、私の講演会にいらっしゃったり、著書を読んでくださる方ではどんどん男性が増えていますよ。

酒井　それは、男性の悩みが女性化しているということなのでしょうか？

江原　可能性はありますね。もしくは男だから、女だからという気負いがなくなったのかもしれません。先日、新幹線の中でサラリーマンがビール片手にお弁当食べながら、割り箸で男性週刊誌の袋とじを破っている姿を見た時は「欲の祭典だな〜」と、ある意味、感心しましたけれど(笑)。

酒井 男性週刊誌は男の欲が、アンアンは女の欲がギューッと濃縮されたような雑誌かもしれませんね。

江原 妄撮にセックス特集、男性誌のほうがエグいように見えるけれど、実はどちらも似たようなことをやっているでしょう? だからアンアンを読みたいという男性もいるし、実際に読んでいる男性もいるはずです。

酒井 ユニセックス化が進んでいるそうです。

江原 実はたましいの上では男女の差はなく、肉体構造の違いだけ。つまり本来はユニセックスなのが、たがが外れたようにどんどん本音が出るようになったのかもしれません。自由に自分が求めているものについて、言えるようになった。

酒井 時代によって、女性たちの悩みや欲望が変わってきたと思うことはありますか?

江原 あまりありませんね。あるとしたら、さっき言ったようにたがが外れたという感じだけ。昔からの教育や慣習で「こうありなさい」と型に入れられ演じていたのが、枠組みがなくなって好きに生きるようになった。ファッションも、考え方も、思ったことを全部出していいんだと。

酒井 では、アンアン読者はどうでしょう？

江原 僕が感じるアンアン読者は、そのたがが外れきっていない人たち。雑誌は最先端だけれど、読者はちょっと優等生というか、「本音を言うのが恥ずかしい」みたいなところがありますね。

酒井 欲望を解放しきれていない？

江原 解放しきれていないから、セックス特集なんでしょう？

酒井 確かに。アンアンは途中からすごくセックスレスとか、ひとりHの記事が増えているんです。ということはある種の欲求を解放しきれていないんじゃないかという気もします。

江原 だから品のいい顔して読めるアンアンでセックス特集を読む。覗き見たいから。読者の妄想がすべて入っているからね。

酒井 むっつり系なんですね(笑)。

江原 むっつり系でしょう、絶対！

酒井 かつてのアンアンは「モテないファッション」を推奨していた雑誌だったと思

うんです。モテたいのに、モテない服を着てしまう。そういうアンビバレントなところがアンアン読者にはあったかと。

江原　やっぱり背伸びしたいんですよ。

酒井　コンプレックスがあるから、前衛的なファッションで盾を作るみたいな感じがありました。

江原　コンプレックスがあるから興味が湧くし、向上欲にもつながります。コンプレックスを持たない人は、雑誌を読まないでしょうね。

酒井　恋愛でもセックスでも、コンプレックスがない女性は、そういないですからね。

仕事、生き方、女性を変えた時代のターニングポイントとは

酒井　スピリチュアルな分野に注目しだしたという部分でも、アンアンは先駆的ですね。心の面をクローズアップするというのは、ファッション誌の中では異例のこと。スピリチュアルブームが来る時代性というのは、江原さんのなかで感じていらっしゃいましたか？

江原　それは、18歳の時から思っていました。ブームというよりも、自分がものすご

くいろいろと働かなきゃならない時が来ると。

江原　このへんの時代に来るという予想もついていらっしゃったんですか？

酒井　やっぱり二〇〇〇年頃ですね。実際に、その前と後では生き方も時代も全然違います。

江原　バブル崩壊の時よりも、社会の変化としては激しかったのでしょうか？

酒井　ええ。人々の生活が変わったのと、女性たちにおいても不安が増えました。時代についていかなくちゃいけないという気持ちですね。

江原　女性が働くことに対する意識も、変わってきたように思います。

酒井　それはやっぱりバブルで変わりましたね。個人カウンセリングをやっていた最初の頃は、「いつ転職したらいいですか」と相談者は転職ばかりを口にしていました。

江原　バブルの頃は、まだ簡単に転職できると思っていたんですね。

酒井　そう。でもある時から誰も言わなくなった。そして後半は「正社員になれますか」という相談になったんです。その境目がバブルの頃。

江原　なるほど！　アンアンは最初のうち「ハウスマヌカンになれ」って、読者をそそのかしていた時代がありました。カタカナ職業に誰もが就かなくてはならないような強迫観念が……。

江原 罪深い！

酒井 そうなんですよ。ところが最近、誌面で仕事の特集をあまり見ないんです。無責任に言えなくなったんだな、と。

江原 あ、確かに！ さすが分析が鋭い。

酒井 かつては、会社員ではなくフリーに「なれ」って簡単に言っていましたし、実際になっても大丈夫な時代だったんですよ。男女平等の仕事って、フリーやファッション関係ぐらいしかなかったですし。

江原 そして今は万策尽きて、パワースポットブームになっちゃった。「もうどうにもならない。パワースポットに行くしかない」って。

酒井 自分の努力より、天に頼む方向に……。

江原 若い世代は「車もブランド品もいらない」って、現実的に生きているでしょう？ 夢や希望がなくなり、現実か妄想かだけの、ある意味かわいそうな時代になっちゃったんですね。

目先の悩みを悩み続けて40歳、50歳になる人たち

酒井　今の若者は、悩みが小さくなってきているような気もしますが……。

江原　難しいですね。悩みが大きいと言えば大きいし、小さいと言えば小さい。夢も希望もないけれど、現実的には今日はなんとか生きられるから。

酒井　今日の不安がないことで、安心していられる。

江原　そう、昔は挑むという恒常的な部分での悩みがあったけれど、今はあきらめているから悩みがない。「寝られるお布団があるからそれでいい」みたいな。最近の雑誌でも「いかに体が喜ぶ野菜を食べるか」とか、手っ取り早く手に入る〝完璧〟が提案されますが、同じです。

酒井　先のことを考えると不安だから、せいぜい明日ぐらいまでのことだけわかっていれば幸せ。一瞬、それでいいのかと思っても「いいんです！」と言われると、納得してしまう。昔のように挑む悩みがあるのと比べて、どっちが幸せかわからないですね。

江原　おっしゃる通りですね。「さとり世代」と言われていますが、本当に悟ってい

酒井　たら幸せだと思います。「生きるというのはそういったことの積み重ねだ」と。でも悟っていない未熟さがあるから味わえる醍醐味も人生にはあるわけで、今はその部分がなくなっているのかなと感じますね。

江原　目先の問題を悩み続けて、40歳、50歳になっている人も多いんじゃないかと思います。恋愛やセックスで悩んでいる時期が長くなると言うか。

酒井　それが趣味っていう場合もあるんですよ。

江原　解決しちゃったらそれはそれで不満だと？

ひとつ解決しても、また次を探す。「なんでそんなことほじくり返して悩んでいるのかな」と思うような悩みは多いですよ。「今日、隣の人のデスクに置いてある花が私の方へ倒れてきたのですが、どういうメッセージでしょうか？」って。

酒井　そこにメッセージ性を感じ取ろうとする感覚は、もしかすると江原さんによって育まれたものではないかと……。

江原　え〜！（笑）

酒井　昔は、「単なる偶然」で済ませられたのに。

江原　「必然です」ってね。確かに「あなた、隣の人とうまくいっていませんね」という場合もあるだろうし、もしくは「デスクをきれいにしなさい」というメッセージかもしれません。

酒井 そっか。単に「汚すぎます」という場合も。

江原 女性はそういうのをいくつか示されるとうれしいでしょう？　男性は単品の店に入るけれど、女性は少しずつでもメニューがいっぱいある店のほうがワクワクするのと同じです。

酒井 もしかして男性誌と女性誌では、アドバイスの出し方も変えたりするんですか？

江原 そういう場合もあります。男性誌はわりと単刀直入に言うことが多いですね。男性はそれではハッと気づいたりするから。女性誌だと「ああいうことも、こういうこともあるかもよ」って。

酒井 お店のメニューと同じで、女性にはいくつかの選択肢の中から選びたい心理があるかも！

江原 だから「あなた自身をちょっと見つめてみて下さい」って。

酒井 それは「アンアンの嘘」じゃなくて「アンアンのホント」ですね。

江原 もしかして功罪とも言えるかな。

オカルトからカジュアルへ。アンアンがスピリチュアルを変えた

酒井 林さんと最初に対談された頃は、アンアンではまだ、「スピリチュアル」という言葉自体は使われていない。「不思議なパワー」となっているんですね。

江原 私自身は、スピリチュアルという言葉を使っていましたが、編集部から「誰もわからないから……」と。

酒井 当時は通じなかったんですか。

江原 ええ。でもしようがないですね。この時代はまだ「ヒーリング」という言葉もオカルト用語とされていましたから。

酒井 そう！ オカルトっていうイメージがありました。そんな時に江原さんが登場して、スピリチュアルなことをだんだんカジュアル化されたというか。

江原 それが功罪どちらかはわからないけれど。

酒井 功ですよ！

江原 次第に私のパーソナリティも表に出るようになり、「江原＝スピリチュアル」という感じで、あとからスピリチュアルがついてきた。言葉が一般的になった

のはそのあたりですね。

酒井 林さんやユーミンなど、おしゃれ有名人の方々との交流もあって、「スピリチュアル」のおしゃれ化、カジュアル化がどんどん進みました。

江原 アーティストはある意味、みんなスピリチュアルな人ですからね。

酒井 それはアンアン、というか女性誌におけるスピリチュアル史の大きな転換でした。スピリチュアルというものをみんなにわかるように伝えていったという、そのかみ砕き方は、アンアンの功なのかもしれませんね。

江原 ええ。「おばあちゃんが言っていたことは正しかったんだね」というような温かみのある企画が多かったですから。スピリチュアルなことが日常的なものだとわかってもらえたんでしょうね。

酒井 先ほど二〇〇〇年が大きな節目だというお話がありましたが、私が江原さんと初めて対談（1208号）したのがちょうど二〇〇〇年でした。コンピューター社会への警鐘とともに「人と触れ合うことが大切なんですね」なんて、私が語っているのですが……すいません、覚えていませんでした。

江原 ハハハ（笑）。

酒井 今は、その大切さがますます増していますね。

江原　本当に、人と触れ合うことが少なくなりました。それもあって、二〇〇〇年以降はアンアンのような雑誌などから情報を常に得ていないと不安になる時代になったと思います。

酒井　でもアンアンって、不安を焚きつけながら消しているようなところがありますよね。

江原　鋭い！（笑）

酒井　チクチク刺激されながら、絆創膏を貼られているような。でも放置されないだけいいかなと。

江原　誰でも、都会に住んでいても孤島で生きているような気持ちになるでしょう？

酒井　そこで、「みんなもそう思っているんだ」という安心感を、雑誌は与えてくれたりする。

江原　そう。アンアンを読むことで、覗き見もあるだろうし、安心することもある。「自分はこれでいいのかな」と軌道修正することもあると思います。スピリチュアル特集なんかは、そんな懺悔《ざんげ》室的要素もあるんじゃないかな？

酒井　心の中の黒い部分を誰かに知ってもらいたいという欲求は、誰しもあると思います。でも、それをネット上に書いてしまうのと、書かずに悩んで結論を出そ

江原　うとするのでは、違うような気がしますね。
その通りですね。

恋愛と幸せにおけるアンアンの罪

酒井　ところで、アンアンは20年くらい前から読者に「愛されるより愛する女になろう」と言っていたけれど、まったく届いていなかったのではないかと思うんです。自分から身を差し出しているとしても、「選ばれている」という型を踏襲したいみたいなところを、女性は持っているので。江原さんとはそのことについて対談（2039号『あなたの不安 解消BOOK』）でもお話ししたことがありました。その時、「結婚したいなら女は待っているだけじゃダメ。狩りに行け」とおっしゃっていましたね。

江原　ええ、型を踏襲したいことも含めて、自分が演出家になる。狙って落とすしたたかさが必要だと。なのに待っちゃう。その点、JJあたりはしたたかなのかもしれませんね。

酒井　アンアンは不器用だと思います。夢見がちというか、やっぱりずっと心がほん

江原 わかしているんですよ。白馬の王子様的なことを実は考えちゃってるんじゃないですかね。

酒井 狩りにいかなきゃいけないのに、アンアンは逃げ道をつくるような別の幸せも与えてきた。アイドルとか韓流とか。だから罪深い。女子を振り回しているんだから。そう思うと、アンアンは実は男っぽい雑誌なのかもしれないですね。

江原 あぁ、いい男のような……って、ダメじゃないですか、アンアンが彼氏になってしまったら!

酒井 ホストみたいな罪のある男(笑)。

江原 アンアンには、モテるために必死になるのはカッコ悪いという姿勢があります。結果的におしゃれだけど、まったく身ぎれい。

酒井 否定できませんね。

江原 でも昔よりは〝モテ〟の文字が見られるようになりました。ここはもうひとつ頑張って……。

酒井 そう、狩りがうまい子は実は上手に隙を見せていますから。

江原 ちょっとくらいだらしないほうがエロい!

酒井 それも狩りをする上での演出でしょうね。

酒井　「アンアンの嘘」からホント、そして罪状もあからさまになって、最後は恋愛の演出まで、いろいろな視点でお話できて楽しかったです。

江原　こちらこそありがとうございました。

取材・文　やしまみき
（2016年12月）

あとがき

六十代以下の日本女性であれば誰しもが一度は手に取ったことがあるに違いない雑誌、アンアン。一九六六年生まれの私がまず思い出すのは、黒ずくめの服やDCブランドが流行していた、八〇年代のアンアンの姿です。あの頃のアンアンは、ファッションに命を賭けた雑誌でした。

一九七〇年に創刊されたアンアンは、読み手の世代によって、イメージが変わる雑誌なのです。私より年上の人であれば、ラブ&ピースなアンアン、アンノン族のアンアン、はたまたニュートラのアンアンを思い浮かべる人もいることでしょう。そして私よりも年下の読者は、スピリチュアルのアンアン、セックスのアンアン、ジャニーズのアンアン……と、またイメージが変わってくる。

このたび、アンアン創刊から二〇〇〇号までの姿を追うことによって、「アンアンにこんな時代があったとは！」と、驚くことが何度もありました。雑誌は生き物なのだなぁ、としばしば思う中で最も印象的だったのは、アンアンがニュートラというファッションを発見し、一時はニュートラに肩入れしたもののやがて決別した、という事実です。それはアンアンにとって、と言うよりも日本の女性にとって、一つの分岐点となる出来事だったのではないか。

アンアンは、一世を風靡《ふうび》したニュートラというファッションを捨てることによって、モテのために生きたい読者をも捨てました。それは、日本女性の歩む道が、「私は私」を目指す非モテの道と、「あなた好みの私」を目指すモテの道とに分かれた瞬間でもあったのです。

そうしてアンアンは、「私は私」の道を生きようとする女性達を、応援し続けることになります。ハウスマヌカンになれ、刈り上げろ、裸になれ、一人暮らしをしろ……。時に過激なアンアンの提案は、まっとうなものばかりではありません。アンアンにのせられて人生が狂ったという人も、いることでしょう。また、「お金を使え！」とけしかけたかと思えば、数年後には「節約しろ」。「結婚なんて！」と言ったかと思えば、しばらくしたら「やっぱり結婚」。……と、論旨が一貫していない、と思った人も多いかもしれません。

しかしそれは、「私は私」という背骨を通すためには、仕方のない迷走なのです。

モテ系の雑誌であれば、「女の幸せは結婚」という思想は、創刊からどれだけ時が経とうと、変わるものではありません。対してアンアンの場合は、女性の生き方と幸福の尺度が時代と共に変化する度に、「このままでいいのか」という迷いが生じる。それは日本において、自分というものを強く持って生きようとしてきた女性が、常に感じざるを得なかった迷いではないでしょうか。

ひらたく言うなら、アンアンという雑誌は常に、「モテの問題はどうしたらいいのだ」という悩みと共にあった、ということになります。過激なファッション、やり甲斐のある仕事、あけすけな性欲にミーハー心。……といった感覚も大切にしたいけれど、そのように「自分に正直」にありすぎるとモテなくなる、というのが日本女性の宿命。「本当の自分」「自分」と「モテたい自分」の間のどうしようもない溝を、アンアンはせっせと、占いやスピリチュアルやアイドルで埋め続けてきたのです。

二〇〇〇号までを眺めていくうちに、次第にアンアンという雑誌が愛おしくなってきた私。アンアンは時につっぱり、時に無理をし、浮かれたり傷ついたりしながら、歩んできました。その不器用な姿は、モテ系女性誌の世渡り上手な感じとは正反対のものであり、思わず手を差し伸べたくなってくる。

アンアンは今後も、「私は私」と生きようとする女性の背中を押す存在であり続けるでしょう。背中を押す方向が必ずしも正しいとは限らないものの、読者と共にあらぬ方向に突っ走っていくのもまた、アンアンの魅力。読者と並走しながら迷走していく雑誌が存在するということは、日本の女性達にとって、これからも一つの励みになり続けるのだと、私は思います。

二〇一七年　春

酒井順子

文庫版あとがき

本書は、二〇一六年にアンアン創刊二〇〇〇号を迎えるにあたり、その歴史を振り返るべくアンアン誌上で行われた連載をまとめたものです。アンアンにおいて「アンアンの嘘」との連載を行うという蛮勇を持つところがさすがアンアン、といえましょう。

アンアンが創刊された一九七〇年は、従来の「大人が偉い」という価値観に、若者が「NO」を突きつけた時代でした。同時にそれは、「男が偉い」という価値観に女が「NO」を突きつけた時代でもあり、アンアンは女性達に「自分」を持つようにと語りかけます。

以降アンアンは、時代に応じて変化する女性達の欲望にスポットライトを当て続け、今に至ります。女性達の欲望を決して否定しない優しさと、欲望を焚きつけておきながら放置する残酷さとが、アンアンの魅力。

創刊時から、アンアンは他に類を見ない雑誌でした。女性誌の世界にイノベーションを起こし、他社からフォロワー的雑誌が登場するほどに。その後、時代に応じてアンアンは変化を続けますが、時事ネタもスキャンダルも扱わずに週刊で発行される女性誌という形態は、今も唯一無二のものです。アンアンが、ニュートラというファッションを発見しながら袂を分かつようになったことは本書でも再三触れましたが、ニュートラ誌として誕生した「JJ」が二〇二一年、事実上の休刊となったことを考えても、アンアンの魂のしたたかさを感じるのです。

本書が文庫となる今、世界は大きな変化の只中にあります。二〇二〇年に始まった新型コロナウイルスのパンデミックによって、アンアンも創刊五十年の節目を、コロナへの不安の中で迎えることになりました。

しかしアンアンは、「高めよう！　免疫力」「半径2メートルのライフスタイル」等の特集を組み、コロナ時代でも自分を失わずに生きるための提案を続けています。紙の雑誌の不振が続く中でも、ジャニーズや韓流など、男性アイドルのグラビアを欠かさないことによって、「紙を眺める悦び」を発信し続けてもいる。

どんな時代でも、女性達の欲望と本音を抑えつけることなく、むしろ燃えさかる炎に油を注ぎ続けてきた、アンアン。燃え尽きた後のことまでアンアンは責任をとってはくれませんが、しかし欲望に身を任せ燃え尽きることも、自由に生きているが故の醍醐味。創刊当初から、自由の価値と重みを伝え続けるアンアンならではの読み応えなのではないかと、私は思います。

文庫版の刊行にあたっては、マガジンハウスの瀬谷由美子さんにお世話になりました。本書を手に取ってくださった皆様へとともに、御礼申し上げます。

二〇二一年　春

酒井順子

本書は２０１７年３月にマガジンハウスより刊行された単行本に書き下ろしを加えて再構成しました。

主な an·an 連載リスト(1970～2020)

大橋歩/あゆみのエッセイ　1号(1970/3/20)～15号(1970/10/20)

小林泰彦の"コツン"と生きる!　62号(1972/10/20)～71号(1973/3/5)

向田邦子/男性鑑賞法　139号(1976/1/20)～168号(1977/4/5)

淀川長治の映画ノート　174号(1977/7/5)～185号(1977/12/20)

石井好子/女の12章　186号(1978/1/5)～198号(1978/7/5)

ユミ・シャローのパリ通信　197号(1978/6/29)～249号(1980/4/1)

10days magazine　219号(1979/5/21)～

金子功のいいものみつけた　219号(1979/5/21)～296号(1981/8/11-8/21)

原由美子自伝　220号(1979/6/1)～224号(1979/7/11)

池田理代子自伝「ベルばらへの道」
225号(1979/6/1)～240号(1979/12/21)、254号(1980/5/21)～269号(1980/10/31)

高田喜佐自伝「靴とわたし」　241号(1980/1/1-1/11)～247号(1980/3/11)

堀内誠一/パリからの旅　242号(1980/1/21)～289号(1981/6/1)

フランソワーズ・モレシャン/フランス式感情教育
248号(1980/3/21)～253号(1980/5/11)

堀内誠一の空とぶ絨毯　297号(1981/8/28)～362号(1982/12/31-1/7)

仲世朝子のジンジャールーム　297号(1981/8/28)～331号(1982/5/7-5/14)

貝島はるみ/スタイリストの眼　320号(1982/2/19)～344号(1982/8/13-8/20)

渡辺和博/今週の眼　325号(1982/3/26)～353号(1982/10/29)

おすぎとピーコの「いい映画見なさい!」　454号(1984/11/16)～481号(1988/6/7)

weekly magazine 297号(1981/8/28)～

田中康夫、イエス・チャンドラー/今週の眼　401号(1983/10/21)～534号(1986/7/4)

林真理子/大好きな人が嫌いになるとき
478号(1985/5/10-5/17)～490号(1985/8/9-8/16)

林真理子/南青山物語　491号(1985/8/23)～533号(1986/6/27)

林真理子／マリコ･ストリート　534号（1986/7/4）～ 583号（1987/7/3）

桂晶子／原宿ですべてを手に入れた女。　534号（1986/7/4）～ 583号（1987/7/3）

林真理子／恋愛【中級】講座　584号（1987/7/10）～ 607号（1987/12/25）

林真理子／マリコ･JOURNAL　609号（1988/1/15）～ 624号（1988/5/6）

岡崎京子の４コマ好奇心　662号（1989/2/1）～ 743号（1990/10/5）

景山民夫のDOLPHIN EYES　670号（1989/4/7）～ 743号（1990/10/5）

林真理子のウエディング日記　721号（1990/4/20）～ 730号（1990/6/29）

林真理子の新妻日記　731号（1990/7/6）～ 757号（1991/1/18）

森瑤子の非･常識　744号（1990/10/12）～ 799号（1991/11/22）

松任谷由実／ユーミンの永遠を探せ！　745号（1990/10/19）～ 799号（1991/11/22）

内館牧子／ハートが砕けた　800号（1991/11/29）～ 864（号1993/3/19）

村上龍／「普通の女の子」として存在したくないあなたへ
800号（1991/11/29）～ 864（号1993/3/19）

さくらももこ／ももこのいきもの図鑑　865号（1993/3/26）～ 911号（1994/3/4）

秋元康／君は、どこでこのページを読んでいるんだろう。
865号（1993/3/26）～ 915号（1994/4/1）

野中柊／食べちゃえ！ 食べちゃお！　884号（1993/8/13-8/20）～ 947号（1994/11/25）

原律子の淑女の生活　913号（1994/3/18）～ 1009号（1996/3/1）

吉本ばなな／ PINEAPPLE HEAD　937号（1994/9/16）～ 986号（1995/9/15）

小泉今日子のパンダのanan　949号（1994/12/9）～ 1056号（1997/2/14）

渡辺和博の平成ムスメ往来　952号（1994/12/30-1/6）～ 1009号（1996/3/1）

北川悦吏子の恋愛道　952号（1994/12/30-1/6）～ 1016号（1996/4/19）

山田美保子の噂のテレビ　952号（1994/12/30-1/6）～ 1009号（1996/3/1）

日笠雅水の手相観ルーム　952号（1994/12/30-1/6）～ 1009号（1996/3/1）

柴門ふみ／頑張れ！ girl's life　987号（1995/9/22）～ 1060号（1997/3/14）

清水ちなみのうしろ向き日記　1017号（1996/4/26）～ 1100号（1998/1/2-1/9）

北川悦吏子のあっちょんぶりけ　1058号（1997/2/28）～ 1122号（1998/6/19）

林真理子／美女入門　1089号（1997/10/17）～

阿部和重のアブストラクトな誘惑　1101号（1998/1/16）～ 1156号（1999/2/26）

カトリーヌあやこのamamな人生　1123号（1998/6/26）～1247号（2000/12/29-1/5）

リリー・フランキー＆ペリー荻野／リリーvsペリーの闘う好奇心
1157号（1999/3/5）～1270号（2001/6/22）

室井佑月のああ～ん あんあん　1168号（1999/5/28）～1247号（2000/12/29-1/5）

村上春樹の「村上ラヂオ」　1208号（2000/3/17）～1259号（2001/3/30）

岩井俊二／リリィ・シュシュのすべて　1217号（2000/5/26）～1243号（2000/12/1）

326のあんこちゃん日記　1248号（2001/1/12）～1317号（2002/6/5）

本上まなみ／ほんじょのへもへも通信。1248号（2001/1/12）～1317号（2002/6/5）

宮本浩次の"旅の途中"　1248号（2001/1/12）～1317号（2002/6/5）

ゆずの"学びの部屋"　1318号（2002/6/12）～1378号（2003/9/3）

いとうせいこうの"ULP"　1323号（2002/7/17）～1370号（2003/7/2）

倉田真由美／くらたまの極め！オンナ道　1328号（2002/8/28）～1559（2007/5/9）

MISIAのエンタメデイズ　1368号（2003/6/18）～1485号（2005/11/2）

豊川悦司／LOVE LETTER　1370号（2003/7/2）～1380号（2003/9/17）

岩井志麻子の"オトコ上手"　1371号（2003/7/9）～1559（号2007/5/9）

CHEMISTRYの"女もいろいろ"　1379号（2003/9/10）～1452号（2005/3/2）

江原啓之のスピリチュル夢・診・断　1415号（2004/6/2）～1479号（2005/9/21）

中谷美紀／男子禁制!?　1416号（2004/6/9）～1489号（2005/11/30）

岡田准一のEXPOSURE　1432号（2004/10/6）～1877号（2013/10/23）

矢井田瞳／音楽と旅　1453号（2005/3/9）～1516号（2006/6/21）

江原啓之／Ehara counseling オーラcheck!
1480号（2005/9/28）～1531号（2006/10/11）

松久淳×大泉洋のエンタメ"男のミカタ"　1486号（2005/11/9）～1641号（2009/1/7）

ポルノグラフィティの"男の交換日記"　1517号（2006/6/28）～1568号（2007/7/11）

蝶々の女のヘソ！　1560号（2007/5/16）～1613号（2008/6/11）

津田秀樹のLOVE心理学　1560号（2007/5/16）～1613号（2008/6/11）

PUFFY／パフィーのアミときどきユミ　1569号（2007/7/8）～1653号（2009/4/1）

江原啓之のスピリチュアル・ジャーニー　1614号（2008/6/18）～1653号（2009/4/1）

桜沢エリカ「走れ！ミル子」　1632号（2008/10/29）～1690号（2010/1/6）

五月女ケイ子の電波の国から　1642号（2009/1/14）～1690号（2009/12/30-1/6）

江原啓之の脱・不運期宣言！　1654号（2009/4/8）～1698号（2010/3/3）

トータス松本のオトコゴコロ　1654号（2009/4/8）～1703号（2010/4/7）

常盤貴子のべっぴん研究所　1673号（2009/9/2）～1678号（2009/10/7）

稲垣吾郎／シネマナビ　1683号（2009/11/11）～

五月女ケイ子／細川徹の生み出す夫婦　1691号（2010/1/13）～1751号（2011/3/30）

江原啓之の不幸な女にならない方法。　1699号（2010/3/10）～1739号（2011/1/5）

村上春樹／村上ラヂオ（続）　1701号（2010/3/24）～1801号（2012/4/4）

長谷川潤の上を向いて笑おう♡　1728号（2010/10/13）～1825号（2012/10/3）

江原啓之の偶然は必然！　1740号（2011/1/12）～1820号（2012/8/29）

ロンブー淳×森川教授 だからキミの恋はダメなんだ!!
1748号（2011/3/9）～1807号（2012/5/23）

五月女ケイ子のこどものしくみ　1752号（2011/4/6）～1858号（2013/6/5）

大野智の「カギ」　1803号（2012/4/18）～1812号（2012/6/27）

ギャル曽根流大食いHAPPYダイエット@anan
1810号（2012/6/13）～1821号（2012/9/5）

AKB48 HOW DO I LIKE　1810号（2012/6/13）～1862号（2013/7/3）

江原啓之の幸せへの切符　1821号（2012/9/5）～1878号（2013/10/30）

辻村深月／ハケンアニメ！　1830号（2012/11/7）～1917号（2014/8/20）

A-Karte 相葉雅紀のカルテ　1838号（2013/1/9）～1849号（2013/3/27）

櫻井翔 Show♡me　1852号（2013/4/17）～1861号（2013/6/26）

よしもとばなな／僕たち恋愛しようか？　1852号（2013/4/17）～1873号（2013/9/25）

岡田将生／ミライノハヘン　1861号（2013/6/26）～1878号（2013/10/30）

神木隆之介のMaster's Cafe　1867号（2013/8/7）～1956号（2015/6/3）

水城せとな／恋のかた結び　1868号（2013/8/21）～2180号（2019/12/18）

坂上忍×土田晃之／あなたがいいならそれでいいけど。
1868号（2013/8/21）～2073号（2017/10/18）

松浦弥太郎／ Very Very Good　1879号（2013/11/6）～1899号（2014/4/2）

益田ミリ／僕の姉ちゃん　1879号（2013/11/6）～

古市憲寿×朝井リョウ／紙のラジオ　1879号（2013/10/30）〜

松尾スズキ／気づいちまった哀しみに　1879号（2013/11/6）〜 1899号（2014/4/2）

山内マリコ／そのうち結婚するつもり日記
1879号（2013/11/6）〜 1935号（2014/12/24）

藤田貴大／おんなのこはもりのなか　1879号（2013/11/6）〜 1952号（2015/5/6）

はあちゅう／胸キュンコレクション　1879号（2013/11/6）〜 1899号（2014/4/2）

犬山紙子／夜更けの女子トーーク　1879号（2013/11/6）〜 1899号（2014/4/2）

村田沙耶香／アラサーからの思春期病　1879号（2013/11/6）〜 1952号（2015/5/6）

篠原ともえ／宙ガール通信　1879号（2013/11/6）〜 1899号（2014/4/2）

少年アヤちゃんのふぁんし〜新聞　1879号（2013/11/6）〜 1899号（2014/4/2）

軍師官兵衛ルポ　1888号（2014/1/8）〜 1934号（2014/12/17）

松本潤／失恋ショコラティエ　潤♡度130%
1889号（2014/1/22）〜 1898号（2014/3/26）

松浦弥太郎×くいしんぼう　1900号（2014/4/9）〜 1952号（2015/5/6）

江原啓之の星月神示　1900号（2014/4/9）〜 2009号（2016/6/29）

Perfume ／それってわからん→新それってわからん　1900号（2014/4/9）〜

二宮和也／アオニノ　1900号（2014/4/9）〜 1910号（2014/6/25）

西加奈子／世界と日本のわたしたち　1901号（2014/4/16）〜 1933号（2014/12/10）

大野智／おむかえ新聞　1902号（2014/4/23）〜 1910号（2014/6/25）

山内マリコ／とりあえず結婚してみました日記
1936号（2015/1/7）〜 2063号（2017/8/2）

岡田准一　EXPOSURE season2「オカダのジショ」　1937号（2015/1/14）〜

相葉雅紀／まさき!?の館　1950号（2015/4/15）〜 1958号（2015/6/17）

堀潤×五月女ケイ子／社会のじかん　1953号（2015/5/13）〜

佐々木圭一／ anan女子の伝え方　1953号（2015/5/7）〜 2054号（2017/5/31）

鈴木亮平×スティーブ・ソレイシィ 中学英語で世界一周
1953号（2015/5/13）〜 2231号（2021/1/6）

犬山紙子／ San Pakちゃんのわがまま気まま愛のRoom　1953号（2015/5/13）〜

酒井順子／ ananの嘘　1963号（2015/7/22）〜 2022号（2016/10/5）

大野智／社長DAYS　1999号（2016/4/13）～ 2008号（2016/6/22）

松本潤／ JIJITSU　2001号（2016/4/27）～ 2008号（2016/6/22）

江原啓之の七曜の星月神示　2010号（2016/7/6）～ 2065号（2017/8/23）

中島健人のKENTREND　2038号（2017/2/1）～

相葉雅紀／ Aiba noble　2049号（2017/4/19）～ 2058号（2017/6/28）

横澤夏子／いい女ごっこ　2055号（2017/6/7）～

加藤ミリヤ／ 28　2060号（2017/7/12）～ 2079号（2017/11/29）

根本宗子／妄想スイッチ　2064号（2017/8/9）～

江原啓之のスピリチュアル成就　2066号（2017/8/30）～ 2117号（2018/9/12）

乃木坂46×欅坂46、櫻坂46 ／美容の坂道のぼり隊　2070号（2017/9/27）～

櫻井翔／ Hi! School SHO　2074号（2017/10/25）～ 2082号（2017/12/20）

岡崎体育／体育ですけど、オンガクです　2081号（2017/12/13）～

松本潤／ JIJITSU SEASONⅡ　2085号（2018/1/17）～ 2094号（2018/3/21）

加藤シゲアキ／ミアキス･シンフォニー　2097号（2018/4/11）～

二宮和也／ OR　2099号（2018/4/25）～ 2107号（2018/6/27）

江原啓之の仏の目、鬼の目　2118号（2018/9/19）～ 2169号（2019/10/2）

相葉雅紀／ただいま診療中　2123号（2018/10/24）～ 2129号（2018/12/5）

Sexy Zoneカレンダーへの道　2133号（2019/1/9）～ 2142号（2019/3/13）

江原啓之さんが指南 地獄の沙汰も金次第　2170号（2019/10/9）～ 2214号（2020/9/2）

櫻井大典／ Daily養生　2181号（2019/12/25）～ 2231号（2021/1/6）

Sexy Zoneカレンダーへの道　2181号（2019/12/25）～ 2190号（2020/3/4）

松井玲奈／ひみつのたべもの　2201号（2020/5/27）～ 2225号（2020/11/18）

辻村深月／次の現場SPECIAL 2204号（2020/6/17）～ 2207号（2020/7/8）

ここぞというときのスピリチュアル 江原啓之の"私たちの窮地"　2215号（2020/9/9）～

滝沢歌舞伎 ZERO 2020 The Movie　2221号（2020/10/21）～ 2231号（2021/1/6）

Hey! Say! JUMPカレンダーへの道　2232号（2021/1/13）～ 2239号（2021/3/3）

マガジンハウス文庫

ananの嘘《うそ》

2021年6月3日　第1刷発行

著者　酒《さか》井《い》順《じゅん》子《こ》

発行者　鉄尾周一

発行所　株式会社マガジンハウス
〒104-8003　東京都中央区銀座3-13-10
書籍編集部　☎03-3545-7030
受注センター　☎049-275-1811

印刷・製本所　大日本印刷株式会社

イラスト　yamyam

本文デザイン　albireo

文庫フォーマット　細山田デザイン事務所

マガジンハウスのホームページ
https://magazineworld.jp/

ISBN978-4-8387-7108-0　C0195
JASRAC出2103417-101